历史穿越报
明朝卷

彭凡 著

图书在版编目（CIP）数据

历史穿越报.明朝卷/彭凡著.—北京：化学工业出版社，2018.10（2021.4 重印）
ISBN 978-7-122-32895-3

Ⅰ.①历… Ⅱ.①彭… Ⅲ.①中国历史-明代-青少年读物 Ⅳ.①K209

中国版本图书馆CIP数据核字（2018）第196582号

责任编辑：刘亚琦　丁尚林　　　　　　装帧设计：尹琳琳
责任校对：王鹏飞

出版发行：化学工业出版社（北京市东城区青年湖南街13号　邮政编码100011）
印　　装：天津图文方嘉印刷有限公司
710mm×1000mm　1/16　印张 13½　2021 年 4 月北京第 1 版第 7 次印刷

购书咨询：010-64518888　　售后服务：010-64518899
网　　址：http://www.cip.com.cn

凡购买本书，如有缺损质量问题，本社销售中心负责调换。

定　价：39.80元　　　　　　　　　　　　　　　　版权所有　违者必究

明朝帝王世系表

庙号/谥号	姓名	在位时间
明太祖	朱元璋	1368—1398 年
明惠帝	朱允炆（wén）	1399—1402 年
明成祖	朱棣（dì）	1403—1424 年
明仁宗	朱高炽（chì）	1425 年
明宣宗	朱瞻（zhān）基	1426—1435 年
明英宗	朱祁（qí）镇	1436—1449 年
明代宗	朱祁钰（yù）	1450—1457 年
明英宗	朱祁镇	1457—1464 年
明宪宗	朱见深	1465—1487 年
明孝宗	朱祐樘（chēng）	1488—1505 年
明武宗	朱厚照	1506—1521 年
明世宗	朱厚熜（cōng）	1522—1566 年
明穆宗	朱载垕（hòu）	1567—1572 年
明神宗	朱翊（yì）钧	1573—1620 年
明光宗	朱常洛	1620 年
明熹（xī）宗	朱由校	1621—1627 年
明思宗	朱由检	1628—1644 年

明朝卷

前　言

　　一般的历史书，记录的都是过去的回忆。但是，我相信，人们更想亲自回到古代，看看古人的真实生活、历史的真实面貌。

　　如果回到过去，你会发现，那时的土地，就像现在的房子一样金贵；那时的人们渴望飞上蓝天，就像我们今天渴望到达宇宙边缘一样执着；那时的人们发明火药、指南针，就像现在我们发明了电脑一样伟大……

　　那时虽然没有电视，没有网络，但也有数不完、道不尽的新闻。那时的人和现在的我们一样，也要学习、工作和娱乐，也会七嘴八舌地讨论当时最流行的话题，疯狂地崇拜明星。

　　例如，当花木兰从战场上回来后，女扮男装成了一种时尚；

　　当岳飞被秦桧害死后，老百姓一边痛骂秦桧，一边怀疑岳飞的真正死因；

　　当朱元璋从一个放牛娃变成皇帝后，全天下的放牛娃都受到了鼓舞；

　　……

　　现在，你是不是迫不及待地想回到古代，在第一时间了解这些新闻呢？别急，我们已经派人穿越到过去，将你想知道的事情一一记录下来，刊登在《历史穿越报》上啦。

　　为了方便大家阅读，我们将《历史穿越报》做成了合订本，一共

10本，每本12期，分别介绍了从夏朝到清朝十个阶段的历史。

我们的记者队伍非常庞大，他们分布在全国各地，将自己身边发生的新鲜事儿记录下来，寄到我们的编辑部。在这些记者中，有人喜欢记录重大事件，我们将这些稿件放在《天下风云》栏目；还有人喜欢搜集趣闻八卦，我们将这些稿件放在《八卦驿站》栏目。

《历史穿越报》还有一批非常勤奋的通讯员，每天穿梭在各大茶馆。不过，他们可不是去喝茶的哦，而是为了搜集百姓的心声，然后刊登在《百姓茶馆》栏目中。

我们还有一位大嘴记者，专门负责采访当时最杰出，或者最有争议的人物。他是一个非常大胆的家伙，就算是皇帝，他也要刁难一下，大人物对他的采访既期待又害怕。

此外，编辑们还选出了一部分读者来信和广告，刊登在报纸上。

总之，每一期报纸，既有精彩好看的新闻报道、另类幽默的名人访谈，又有轻松搞笑的卡通漫画、五花八门的宣传广告……翻开这本书，就如同亲身穿越神秘的上下五千年。

希望大家在读完这份报纸后，能更真切地了解中国五千年的历史，并能从中习得经验和教训，获得知识、勇气和快乐，让我们的穿越工夫没有白费。

目 录

第❶期　乞丐皇帝朱元璋

【烽火快报】将残暴的元朝统治者撵出去！ ……………………………… 13

【绝密档案】小和尚变大元帅，小乞丐成真皇帝 ……………………… 14

【天下风云】像爱护雏鸟新树一样，爱护百姓→节俭成风的皇帝→皇帝是个工作狂→一句话惹来大麻烦→锦衣卫——朱元璋的私人警察→朱元璋反贪→皇帝大开杀戒为哪般 …………………………………… 16

【新闻广场】《水浒传》为您讲述108位好汉的故事→罗贯中的重量级作品《三国演义》 ………………………………………………… 31

【八卦驿站】刘伯温脱了官服换道袍 …………………………………… 33

【名人有约】特约嘉宾：朱元璋 ………………………………………… 35

【广 告 铺】商人着装条例→喜讯→买鞋请到步步莲 ……………… 37

第❷期　叔侄争锋

【烽火快报】朱允炆大力削藩，皇叔燕王成疯子 ……………………… 39

【天下风云】叔侄对垒，姜还是老的辣→东昌战役——侄子的第一次大胜利→燕王称帝，建文帝不见了→方孝孺被诛十族 ……………… 41

【八卦驿站】聪明也惹祸 ………………………………………………… 48

【名人有约】特约嘉宾：朱允炆 ………………………………………… 49

【广 告 铺】卖身葬父→凭吊靖难忠臣→告天下百姓书 …………… 51

第❸期 永乐盛世

【烽火快报】 明成祖要把都城迁回老家 53
【天下风云】 独一无二的经典之作——紫禁城→皇帝会不会过河拆桥→
郑和下西洋→东厂后来居上 55
【新闻广场】《永乐大典》横空出世→大学士解缙出口成章 62
【名人有约】 特约嘉宾：解缙 64
【广 告 铺】 展览公告→宫中要职招聘启事→北京烤鸭，皇上吃了都说好 66
【智者为王】 智者第1关 67

第❹期 仁宣之治

【烽火快报】 残疾皇帝有一颗不残疾的心 69
【绝密档案】 朱高炽——明太祖的好孙儿 70
【天下风云】 喜欢听真话的皇帝→造反也得挑个好时机→又一场叔侄之战 73
【八卦驿站】 为救同窗，杨溥甘愿舍弃钱财 79
【名人有约】 特约嘉宾：朱瞻基 81
【广 告 铺】 打造极品香炉，急招炼铜大师→给蛐蛐儿一个舒适的家→
蟋蟀征集令 83

第❺期　皇帝成了俘虏

【烽火快报】朝中无三杨，宦官来称"王" 85
【绝密档案】从教书先生到专权太监 86
【天下风云】一场生意引发的战争→一句话导致声名狼藉→天子面前，惊现午门血案→北京保卫战，文弱书生力挽狂澜 88
【八卦驿站】长得丑不能当状元 98
【名人有约】特约嘉宾：于谦 99
【广 告 铺】征兵令→好书出租→求助各位好心人 101

第❻期　一个朝廷，两个皇帝

【烽火快报】接不接，是个问题 103
【天下风云】不花一分钱，完美迎归太上皇→一山不能容二虎，俘虏皇帝变囚徒→只打了个盹儿，就把皇位弄丢了→我要还于谦一个公道 104
【八卦驿站】两袖清风为黎民 112
【名人有约】特约嘉宾：朱祁镇 113
【广 告 铺】商人须知→关于废除殉葬的通知 115
【智者为王】智者第2关 116

第❼期 宦官乱朝，孝宗中兴

【烽火快报】 "万姑姑"挨打，吴皇后被废 ………………………………… 118
【天下风云】 西厂被废，全城欢庆→太监得势，朝中一塌糊涂→世人只认汪公公→天下三贤相 ……………………………………………………… 119
【八卦驿站】 当祝枝山遇上吝啬财主 …………………………………… 128
【名人有约】 特约嘉宾：唐伯虎 …………………………………………… 130
【广 告 铺】 没收田庄，兴建皇庄→最新福利政策→当东当西，请到汪记当铺 ……………………………………………………………… 132

第❽期 不靠谱皇帝朱厚照

【烽火快报】 有个性的新皇帝 ……………………………………………… 134
【天下风云】 北京城有两个皇帝→被奸党诬陷怎么办→杨一清智诛刘瑾→应州大捷→"大明军神"平宁王之乱 ………………………………… 135
【八卦驿站】 诗人出手，威震京城军官→大白天打灯笼 ……………… 145
【名人有约】 特约嘉宾：朱厚照 …………………………………………… 147
【广 告 铺】 禁猪令→废除禁猪令→与民联手，共剿山贼 ……………… 149

第❾期　毁誉参半的嘉靖帝

【烽火快报】　血溅左顺门 151
【天下风云】　骇人听闻的"宫女之变"→庚戌之变——大明的耻辱→严嵩父子权
　　　　　　　倾天下→海瑞智斗严嵩→海青天居然敢摸"老虎"屁股 152
【新闻广场】　《西游记》为您演绎精彩神话 160
【八卦驿站】　徐文长训知府大人→猴子也能打仗 161
【名人有约】　特约嘉宾：朱厚熜 163
【广 告 铺】　全面封杀《西游记》→大量收购灵芝→招聘方术士 166
【智者为王】　智者第3关 167

第❿期　万历风暴

【烽火快报】　宰相打架事件 169
【天下风云】　治国安邦好人才→为改革，不能为父守孝→皇帝隐身不上朝 ... 170
【新闻广场】　一幅世界地图，让皇帝看傻了眼→行万里路，写万卷书 177
【八卦驿站】　怪老头教学生 180
【名人有约】　特约嘉宾：朱翊钧 182
【广 告 铺】　宣传改革，人人有责→恭贺福建翁正春喜获状元→为海瑞送行的
　　　　　　　通知 184

第⑪期 内忧外患,祸不单行

【烽火快报】	奇,疯子棒击太子 186
【天下风云】	萨尔浒之战,三路军统统阵亡→稀奇古怪红丸案→李选侍移宫,太后梦破碎→天字第一号木匠师傅→不但要读书,更要关心国家大事 187
【八卦驿站】	"铁石心肠"左光斗 197
【名人有约】	特约嘉宾:魏忠贤 198
【广 告 铺】	独家御制之物,扮靓您的生活→讲学通知→阉党完蛋,举国狂欢 200

第⑫期 大明末路

【烽火快报】	陕西出了个李自成 202
【天下风云】	一代名将,比窦娥更冤→李闯王闯进了北京城→吴三桂"冲冠一怒" 203
【新闻广场】	来自西方的海盗→一代奇人徐霞客 208
【八卦驿站】	朱由检测字 210
【名人有约】	特约嘉宾:李自成 211
【广 告 铺】	均田免粮,跟我打江山→《天工开物》——农民和手工业人士的福音→《农政全书》——带您走进幸福生活 213
【智者为王】	智者第4关 214
【智者为王答案】	 215

第 ❶ 期

〖1368年—1398年〗

乞丐皇帝朱元璋

穿越必读 ▸

元朝末期，25岁的朱元璋加入了郭子兴领导的红巾军起义，十年后，自封吴王。1368年，朱元璋率军扫平各路割据势力之后，成功推翻元朝，建立了大明王朝，定都南京，他统治的时期被称为"洪武之治"。

烽火快报

将残暴的元朝统治者撵出去！
——来自应天府的加密快报

这些年来，以蒙古贵族为主的元朝统治者横征暴敛，挥霍无度。他们奴役着各族百姓，将广阔的良田变成了牧场。老百姓没有了田地，再加上黄河多次决口，淮北地区到处都是水灾、旱灾、瘟疫，日子过得一天不如一天，于是纷纷揭竿起义。

1368年正月，一批头戴红巾的起义军（史称红巾军）浩浩荡荡地开进了南京应天府，起义军的首领朱元璋自立为帝，即明太祖，定国号为"大明"。

八月，朱元璋派大将徐达攻入元朝的都城——大都，将元朝最后一个皇帝元顺帝撵了出去！

来自应天府的加密快报！

小和尚变大元帅，小乞丐成真皇帝

当人们终于昂首挺胸地走在自己的土地上时，对明太祖朱元璋投去了敬仰的目光。

其实，朱元璋也是个被苦水泡大的人。在他17岁的时候，家乡濠州（今安徽凤阳）接连发生旱灾、蝗灾、瘟疫，几乎家家户户都死了人。朱元璋的家人也相继去世，只剩下他和二哥一家各自逃生。

朱元璋走投无路，只好到离家不远的皇觉寺当小和尚，混口饭吃。然而，在那个年代，要在这个寺庙混吃混喝，也不是件容易的事情。没到两个月，朱元璋就被打发出门讨饭去了。1352年，一个叫郭子兴的人带着几千人，打进了濠州城，正式宣布起义。

不久，元朝派了一个叫彻里不花的人，率兵来围攻濠州。彻里不花胆小如鼠不敢攻城，只好在城外安营扎寨，派兵士捉了些老实巴交的百姓，充当俘虏向朝廷邀功。因此，老百姓纷纷逃去投奔郭子兴，起义军的队伍越来越大。

朱元璋怀着对元朝刻骨的仇恨，也跑去投奔郭子兴。守门的兵士怀疑他是元军派来的探子，二话不说，将他绑了起来。

郭子兴见他衣裳破烂，但身材健硕，反应灵敏，还粗通文墨，是个人才，便把他当心腹带在身边，还把养女马姑娘嫁给了他。

朱元璋不负所托，打起仗来有勇有谋，有危险的时候总是第一个上。渐渐地，他在起义军的声望越来越高。郭子兴死后，他成了起义军的实际统帅。

当时，南方也有一支强大的起义军，自称为汉军，领导人是陈友谅。1363年，朱元璋亲率大军20万，将陈友谅的军队围困在鄱阳湖一带，还放了一把大火，差点就把汉军烧了个精光。战乱中，陈友谅被人一箭结果了性命。

消灭了陈友谅的汉军之后，朱元璋自立为吴王。接着又挥师东进，消灭了两浙的割据势力张士诚，统一了南方。

1367年，朱元璋率领25万大军，大喊"驱逐胡虏，恢复中华，立纲陈纪，救济斯民"的口号，浩浩荡荡地向北攻入中原。凭着超常的智慧和勇气，攻克了一个又一个屏障与要塞，将元军打得节节败退。

就这样，这个当初穷得叮当响的小和尚、沿街乞讨的小乞丐一步步登上了皇帝的宝座。

濠州，我来了！

像爱护雏鸟新树一样，爱护百姓

历经20多年的战乱，当时的中华大地一片凋敝，田地荒芜。作为一个贫民出身的皇帝，朱元璋登基的第一件事，就是关注农民兄弟。

在他称帝的那年，接见外地的一些官吏时，朱元璋就说："天下刚刚安定下来，老百姓们都没有钱，他们现在就像刚会飞的鸟，不可以拔它们的羽毛；如同新栽的树，不可动摇他们的根。现在最重要的就是减轻人们的负担，让大家安定下来，恢复元气。"

为了鼓励大家种田，朱元璋规定，只要你开了荒地，这片田地就是你的。就算是原先的主人找来了，也没用。对于开荒者，不仅免掉三年的租税，还由国家提供耕牛、农具和种子。在此基础上，他还发布命令，犯人只要犯的不是死罪，都罚去种地。当时好多犯人都是官员，这样就出现了一万多名官员在田里插秧的盛况。这些都极大地激发了农民的积极性。

除了大力鼓励农民垦荒外，他还鼓励军屯和商屯。军屯就是让军人种田，自给自足。商屯就是让商人在边境雇人种田，就地交粮，省去交通费用，这样获利更多。军屯和商屯不但解决了军粮问题，而且也开发了边疆。

有好日子过了，真好！

天下风云

朱元璋还十分重视水利建设和赈济灾荒。刚当皇帝的时候，他就下令，如果老百姓提出一些有关水利的建议，地方官员必须及时上报，否则就会受到严惩。不到八年，全国共开塘堰四万多处，疏通河流四千多条，创下了非凡的功绩。在赈灾方面，如果哪个地方受灾或者受到战争影响很深，他就会减免那些地方的赋税，或者开仓救济。

为了建设农村，他还创立了"里甲"制度，利用人们尊老爱幼的传统，推举德高望重且乐于服务的"老人"，调解和处理一些乡里纠纷，并有权惩治游手好闲、称霸乡里的泼皮无赖，教育乡民从善去恶。

这些制度在极大程度上稳定了民心，促进了社会经济的恢复和发展。老百姓在经历战火纷飞、饥寒交迫的年代后，终于渐渐地过上了幸福的生活。

在我的带领下，百姓都能过上好日子！

节俭成风的皇帝

由于出身贫寒，早年经历过大旱瘟疫，朱元璋从不追求奢华富贵，带头提倡节俭。

在他还是吴王的时候，有一次，有个官员把陈友谅的一个镂金床送给他。朱元璋看了，对官员们说："五代十国的时候，后蜀的孟昶（chǎng）有一个镶满宝石的尿壶，这镂金床与宝石尿壶有什么区别呢？"当场就把它毁了。

有个官员附和说："未富而骄，未贵而侈。这就是败亡的原因。"

朱元璋说："富了就可以骄吗？贵了就可以奢吗？有骄侈之心，就算将来大富大贵了，也很难保住。越是富贵，就越要注意节约。"

南京是孙吴、东晋、宋、齐、梁、陈六朝都城，都是短命王朝。朱元璋当了皇帝以后，特别注意吸取它们的亡国教训。修建宫室他只要求坚固耐用，不要过多的装饰，还让人画了不少历史故事来提醒自己，时刻不要忘了前人的教训。

本来皇帝使用的车舆、器具等物品，应该用黄金装饰，他却下令全部用铜制作。官员向他报告说："陛下，我们用不了多少黄金。"

朱元璋说："现在全天下都是我的，我怎么会舍不得这点儿黄金呢？我要提倡节俭，自己首先应该做个表率。"而他睡的龙床，与普通人家的睡床没什么区别，就连每天早膳，也只有蔬菜就餐。皇宫里的空地，建的不是亭台楼阁，而是菜园。

有一天下大雨，有两个小内监穿着新靴子在雨水中行走。朱元璋便把他们召到面前，训斥道："一双靴子虽然不值多少钱，却是出自百姓之力，要费好多工夫才能做成。你们却这么糟践！"说完，令人拖出去打了几板子。还同时下令，以后百官上朝遇着雨雪，允许穿雨衣雨靴。

而后宫的嫔妃在马皇后的影响下，也十分注意节俭。她们从不打扮得花枝招展，衣裳也要穿好长一段时间才换新衣，就连做衣服剩下的绸缎片，也用来缝成百衲被面或衣服，赐给王妃公主，让她们知道蚕农的艰难。

马皇后的贤德，给了勤俭治国的朱元璋极大的帮助和鼓励。他把节俭看成一种美德，更看成一种安邦定国的治国方略。

天下风云

皇帝是个工作狂

经过几十年的生死搏斗，朱元璋才挣得了这么大的一份家业，所以十分珍惜。这么多年以来，除了生病，他总是坚持每天两次上朝办公，夜以继日地工作。

他有一个原则，今天能办的事情决不拖到明天。他在吃饭的时候，如果想起一件事，就马上放下碗筷，记下来，并把字条别在衣服上。因此，他的衣服上常常别着很多字条，他戏称为鹑（chún）衣（破烂的衣服）。

由于害怕大权旁落，他总是事必躬亲，什么事都要去管一管。明朝刚建立的时候，设有宰相，宰相自古以来就是协助皇帝处理政务的。朱元璋与宰相时不时发生冲突，再加上当时的宰相胡惟庸结党营私，贪赃枉法，朱元璋大为恼火，就找了个借口杀了胡惟庸，废除了宰相和中书省，还规定以后不许设立宰相。这样一来，六个部直接对皇帝负责，没有大臣独揽大权了。

但同时，皇帝的任务也加重了。那个时候，文牍（dú）非常琐冗，写给皇帝的奏章都是万字千言。朱元璋小时候本来读书就不多，尽管执政以来，一直坚持读书，但也受不了了。

有一次，刑部主事茹太素上了一份奏章，朱元璋实在太累了，就让大臣读给他听，足足听了一个多时辰（两个多小时），还不知道主要写的是什么。命人数一数，居然有16300多字，朱元璋不由怒火中烧，叫人把茹太素找来，打了他一顿板子。

第二天,他想起这件事,叫人接着读,16500多字后,终于有了重要的五件事。这五件事总共才用了500多字,内容倒是不错,其中有四件事是可以马上办理的。

朱元璋叹了一口气,说:"这些酸秀才,真像块臭豆腐,又臭又香。"

后来,他命令官员们上奏,不允许说空话、套话、大话、废话,并亲自规定了奏章格式,这样他的工作才轻松了一些。可即使这样,他平均每天也要审阅20多万字,处理400多件事。

废除宰相后,朱元璋又下令废除掌管全国军事的大都督府。尽管当时掌管大都督府的是他的外甥李文忠,他也毫不犹豫地削去了他的职位。

之后,他改组了都督府,把它分为中、左、前、后、右五军都督府,同时和兵部互相牵制。其中,兵部有权颁发命令,但不能直接统帅军队,而都督府专门负责管理和训练军队,但没有权力调遣军队。如此一来,军政大权便落在了皇帝一人手中。

有人问他,为什么要这么自讨苦吃呢?他说:"难道我是好劳而恶安吗?当然不是。自古以来,没有一个国家不是因为勤勉而兴盛,因为怠惰而衰败的。"

一句话惹来大麻烦

编辑老师：

你们好！

虽然我读书不多，但人还算机灵，皇上也待我不薄。没当皇帝之前，他让我做幕府的掌书记；当了皇帝后，又把我封为宰相。

不久前，胡惟庸企图谋反，想把我拉下水，我当然不依他。可他却让我弟弟来劝我。从那以后，弟弟就经常在我耳边唠叨。我听得烦了，就说："我已经老了，我死之后，你们想怎样就怎样吧！"

没想到，皇上知道胡惟庸的野心后，将与这事沾点边的人全揪了出来，有人屈打成招，就把这句话说了出来，我也因此被定了个谋反罪。

就这么一句话，给我惹来了这么大的麻烦。我真是百口莫辩，不知该怎么办好呀！

丞相李善长

李大人：

您好！

您是明朝的第一开国功臣，也是位高权重的丞相。如果把刘伯温比做张良，那您就是萧何。您的功劳和地位都是有目共睹的。

只要仔细想一想，就可以推断出，您根本就没有谋反的必要，因为就算胡惟庸当了皇帝，您还是丞相，您何必冒那个风险去帮他谋反呢？

您为人做事堂堂正正，虽然皇上一时误会了您，但相信总有一天，会有人替您平冤昭雪的。

报社编辑

（胡惟庸一案，受牵连而被杀的人数多达三万。77岁的李善长也没能幸免，一家老小全部被杀，只有李善长之子、驸马李自祺夫妇得以幸免。）

锦衣卫——朱元璋的私人警察

我是皇上的私人警察。

在胡惟庸一案中,朱元璋的锦衣卫大出风头。

这些"锦衣卫"是朱元璋12支亲军卫的一支,分为两种。一种与传统观念的禁卫军没什么两样,虽然名为将军,但实际上,他们只是负责传递皇帝的命令,兼做保卫工作,也就是做皇宫大殿上的桩子。还别说,这些"桩子"个个牛高马大,声音洪亮,还真能震慑住一般人。

另一种,其实就是皇帝的私人警察,负责巡查缉捕,也就是到处搜集各种情报。上至王爷宰相,下至平民百姓,都在他们的眼皮底下生活。

有一次,国子监祭酒宋讷上朝,朱元璋问他:"你昨天晚上为什么不高兴呀?"

宋讷大吃一惊,因为昨天晚上他没有出门,一直在家里待着。

朱元璋于是拿出一幅画,上面画的正是宋讷昨夜生气的模样。

想想看,你三更半夜坐在家里,居然有人一边在不远处看着你,一边帮你画像,这样的场景,是不是很恐怖呢?

天下风云

而这些人的权力极大，就算你正在当堂办公，他们也能威风凛凛地把你抓走。其中，他们最有名的一项职能就是"执掌廷杖"。这是皇帝对官员特有的一种刑罚。

如果哪个官员不听话，被皇帝下旨处以廷杖，他就立刻被扒去官服，反绑双手，押到午门，裹到一大块布里面。

只要指挥使一声令下："打！"棍棒就噼里啪啦地落在这块布上。这些锦衣卫受过专门训练，受刑的人轻则皮开肉绽，重则就地死亡。而打得轻一点儿，还是重一点儿，锦衣卫都会收到指挥使（锦衣卫的头头）的暗示。如果指挥使两脚像八字张开，表示可留杖下人一条活命；如果脚尖向内靠拢，那就是把杖下人往死里打。打完之后，还要把布中人重重地往下一摔，这时，里面的人就算死不了，也只剩下半条命了。

就是这些残忍的刽子手，制造了许多冤案。如果有谁胆敢拂逆（即违背）他们的命令行事，谁就会家破人亡。他们帮助朱元璋监视着文武大臣和百姓，令全天下处在一片恐怖的气氛中。

朱元璋反贪

朱元璋从小受了很多苦,所以深切了解到百姓的不易,也十分痛恨贪官。他参加起义后曾发誓:如果自己得了天下,一定要杀尽贪官污吏!

当了皇帝后,朱元璋果然说到做到,他下令:凡是贪污60两银子以上的,立斩!

我们都知道,自唐宋以来,政治制度、机构设置虽然各朝各代不一样,但县衙的布局却是差不多的,都有大门、戒石、鼓楼、二门这些建筑物。但明朝县衙的大门和二门之间又多了一个土地祠。

这土地祠是做什么的呢?说起来有些恐怖,因为它是专供剥皮用的,而且剥的还是人皮!

原来,朱元璋命令将贪污的官员处死后,还要把他们的皮剥下来,然后在皮内塞上稻草什么的,做成稻草人,悬挂在城门口,或者官府公座两旁,供百姓参观,当然,最主要还是用来威慑贪官。

他还规定,官员们私自收下一件衣服、一双袜子,或者一条头巾、一本书,也都要定罪。定罪之后,刑罚也特别严厉,一般要刺字文身、断手、砍脚,有的甚至要凌迟、腰斩或阉割,总之十分残忍。

天下风云

虽然有这么严厉的反贪措施,但还是出现了不少贪官。其中最有名的是郭桓案。郭桓只是一个小小的户部侍郎,居然和他的同党一共贪污了2400多万石粮食,而且六部的大多数官员都是郭桓的同党(名单很长,就不一一列举了)!朱元璋追查下来,一共杀掉了三万多人。

不仅如此,朱元璋还允许天下百姓一旦发现官员贪污,就可以上京城告发他,还可以直接把贪官送到京城去。

尽管如此,可有些百姓还是不敢得罪贪官,怕"逮不着狐狸惹来一身臊"。后来,镇江的一个大贪官落网之后,朱元璋怪周围的百姓们没有告发他,还罚大伙儿去搬石头砌城。

以往的朝代,官员们拿的是铁饭碗,吃穿不愁,老百姓只能战战兢兢地过日子。现在好了,有了皇帝的支持,老百姓可以安安稳稳地过日子,换成官员们提心吊胆了。不得不说,朱元璋确实是一个真正为贫苦百姓着想的皇帝。

皇帝大开杀戒为哪般

清理了"胡党"之后,朱元璋又将目标锁定在功臣蓝玉身上。

蓝玉是明朝的开国大将,因为作战英勇,屡立战功,常常得到朱元璋的嘉奖和赏赐。但他居功自傲,甚至不经过朱元璋的允许,就在军队中布置自己的势力。这让朱元璋十分恼火,决心除掉蓝玉。

1392年的一天,锦衣卫指挥使忽然参奏蓝玉谋反,朱元璋于是让人逮捕了蓝玉,并由吏部尚书詹徽审讯,要他一个一个地查下去,一定要查出蓝玉的同党。

在锦衣卫的严刑逼供下,蓝玉大声道:"詹徽就是我的同党!"话音未落,锦衣卫便把詹徽也押了下去。审判官们害怕自己落得和詹徽一样的下场,于是不敢再审。

三天后,蓝玉被朱元璋以莫须有的罪名杀死。接下来被牵连的,又达15000多人,有些人甚至没见过蓝玉的面,也被归为"蓝党"。

对于朱元璋大开杀戒,皇太子朱标非常反感,于是劝父亲:"父皇杀

人太多,恐怕有失人心。"朱元璋听后,拿来一把带刺的木棍放在地上,命朱标去捡。

朱标看见有刺,当然不会捡。

朱元璋冷冷地说:"木棍有刺,因此你不敢捡。但如果我把这些刺去掉,再交给你,这难道不好吗?现在我帮你杀掉那些对国家有危险的人,将来你才能坐稳江山啊!"

没想到,朱标并不领情,也冷冷地说:"皇帝像尧舜一样贤德,臣民才会是拥护尧舜的臣民。"

朱元璋大怒,搬起椅子向太子掷去。朱标身手敏捷,躲了过去,但也吓得不轻,回去就生了重病。

经过这两个事件,明朝的功臣老将几乎都被杀光了,一时出现了朝中无人、国中无将的局面。

百姓茶馆

商人章五六

听说那个江南巨富沈万三向朱元璋捐了不少财物,还出资修筑了城墙,但还是被朱元璋抄了家,发配到云南去了。唉,这年头,做生意不行,做官也不行,还是安安分分当农民好。

公主女仆甲

朱元璋也太狠心了,我们驸马不就是私自倒卖一下茶叶吗?虽然我朝禁卖茶叶,但怎么能为了这点茶叶,就让自己的亲生女儿守寡呢?唉,可怜的公主,谁让她摊上这么一个大公无私的老爸啊!

一侠客

皇上这是怎么啦!把蓝玉这些大功臣都给砍了,还真够可怕的。要是这时候有外来部落入侵,我看这大明派谁去跟他们斗?

《水浒传》为您讲述108位好汉的故事

施耐庵是我国著名的文学家，他从小聪明好学，后来参加科举，考中进士，被任为钱塘县尹。在任期间，他因替穷人申冤，遭到县官训斥，从此辞官回了老家。

不久，施耐庵在江阴祝塘办了一个学馆。除教书外，施耐庵还搜集整理了北宋末年108位梁山好汉的故事，准备写成一本名为《江湖豪客传》的书。

据说施耐庵不仅文笔好，还是一个武艺高强、见义勇为的好汉。有一次，施耐庵看见有个恶少在街头欺负一名妇女，便冲上前，用一只手将那恶少提起，接着又将他摔在了地上。

第二天，那恶少叫了七八个无赖来报复。施耐庵取出铁棒，一记"乌龙摆尾"，便将身旁的大杨树"咔嚓"打断。无赖们见他武功了得，吓得赶紧叩头认输。

后来在写《江湖豪客传》时，施耐庵还将这段经历写进了鲁智深打泼皮的故事中。据施耐庵自己透露，到目前为止，他的《江湖豪客传》已进入收尾阶段。

他觉得书名还是有点儿累赘，最后决定将它改为《水浒传》。

新闻广场

罗贯中的重量级作品《三国演义》

山西太原有个罗贯中，是明代著名的小说家和戏曲家，也是我国章回小说的开山鼻祖。罗贯中的代表作品很多，都相当受欢迎。最广为人知的，是他的重量级代表作——《三国演义》。

《三国演义》主要描写东汉末期到三国时期的一段历史，大致分为黄巾之乱、董卓之乱、群雄逐鹿、三国鼎立、三国归晋五部分。作者成功刻画了许多人物形象，包括曹操、刘备、孙权、诸葛亮、周瑜、关羽、张飞、赵云等，人物形象鲜明，场面恢宏，令世人一瞥之后，便难以忘怀。

据说，在写《三国演义》时，罗贯中如痴如醉，闹了不少笑话。

一次，罗贯中正在奋笔疾书，一个乞丐突然闯进来行乞，罗贯中恰好写到"群英会蒋干中计"这一回，内容是周瑜令蒋干去查看后营的粮草。

听说乞丐"断粮"了，罗贯中马上回道："营内粮草多着呢，你去取吧！"乞丐见他如此大方，就毫不客气地进屋把米扛走了。

妻子回来一看，米不见了，就问罗贯中："家里没口粮了，你说该咋办呀？"

罗贯中正写到"出陇上诸葛妆神"这一回，听妻子说"没口粮"，便笑道："陇上麦子已经成熟，快去割来吃呀！"

其实这时，麦子才刚刚长出来。妻子没有办法，只好去邻居家借了些粮食。

刘伯温脱了官服换道袍

朱元璋当上起义军的主帅后，兵多将广，却缺个军师，听说浙江青田有个刘伯温，不但博学多才，上知天文，下知地理，而且熟读兵书，精于算卦，便把他请了过去。

之后，刘伯温果然为朱元璋策划了好几次军事行动，立了不少功劳，成了朱元璋的得力助手。可以说，要不是因为他，朱元璋早被害死了，民间甚至把他比做诸葛亮。

然而正是因为他聪明能干，让朱元璋有了提防之心。朱元璋登基后，大封功臣，第一批居然没有刘伯温的名字，直到最后补封，才给他勉强封了个三等伯。

有一年春天，朱元璋带群臣到长江边游玩。眼前的长江如巨龙滔滔东下，江岸边的燕子矶如钢铸铜浇一般，任风吹浪打，也岿（kuī）然不动。

朱元璋见了，诗兴大发，脱口吟出一句："燕子矶兮一秤砣。"但就这一句，下面就接不起来了。身边的人全是沙场名将，

八卦驿站

大家顿时哄然大笑。大将徐达更是直截了当地说："狗屁不通，狗屁不通！"

朱元璋尴尬极了，这时刘伯温走上前说："把燕子矶比做秤砣，这个比喻非常精妙啊，大家听我接下去。"接着，他又清清嗓子大声吟道：

"燕子矶兮一秤砣，

长虹做杆又如何？

天边弯月是挂钩，

称我江山有几多！"

大家听了，连称好诗，纷纷夸他能点石成金，气度不凡。谁也没有注意到有个人眼睛里闪过一丝杀机。这个人，就是朱元璋。因为后面"称我江山有几多"，居然把江山称作是他自己的，犯了皇帝的大忌。

刘伯温也知道自己失言了，后来办事一直小心翼翼，不敢有丝毫差池。后来传说，刘伯温脱去官服，换上道袍，云游四海去了，但事实并非如此。61岁时，抱病的刘伯温告老还乡，离开了南京。几年后，刘伯温在故乡去世，享年65岁。

名人有约

身份：明太祖

大：大嘴记者　朱：朱元璋

大：您好，重八。《名人有约》欢迎您！
朱：这名字真是太亲切了，很久都没有人这么叫过我了。

大：但这名字起得好有个性啊，为什么这么取呢？
朱：因为在元朝，老百姓如果不能上学或当官就没有名字，只能以父母年龄相加或者出生的日期命名。

大：噢，原来如此。那后来为何要改成"朱元璋"呢？
朱：嗯，"朱元璋"就是诛灭元朝之璋也。璋是一种尖锐的兵器。我本人就是诛灭元朝的一把利器！

大（跷起大拇指）：您取了这么强大的名字，最后诛灭了元朝，看来这是老天爷赋予您的使命啊！
朱（撇撇嘴）：老天爷？老天爷什么的最虚了！信什么不如信自己！信自己才有饭吃！

大：是啊，当年的老百姓真是惨呢。
朱：唉，简直是惨不忍睹啊！要是过得安安乐乐，谁没事造反啊？

大：造反这碗饭可不好吃啊，弄不好要掉脑袋的，您当时是怎么鼓起这

名人有约

勇气的?

朱： 官逼民反，民不得不反啊！我本来也没造反的意思，能讨得几口饭吃，就可以了。我在寺庙的时候，同乡好友汤和给我来了一封信，邀请我参加郭子兴的义军。我当时还没决定去呢。后来师兄告诉我，有人偷看了这封信，要去告我。反正被抓了是死，造反也是死，那还不如轰轰烈烈地造一回反！

大： 那郭元帅有了您的协助，岂不是如虎添翼啊？

朱： 我还是挺感谢郭元帅的。不过那里面元帅太多，个个心胸狭窄，不讲义气，不是干大事的料，我不想跟他们干了，就自己带了一批兄弟出去招兵买马，去打元军了。

大： 都有哪些人跟了您？

朱： 徐达、汤和、周德兴，后来还有李善长、刘伯温……就这些哥们了。

大： 了不得啊，这批兄弟没一个孬种，个个都是好样的！您眼光真准啊！

朱（嘀咕）： 光会拍马屁。哎，那个……记者先生，宫里事务繁忙，现在没了丞相，所有事情都压在我一个人身上，唉，我得马上回宫了，先告辞了！

大： 等等，关于您的丰功伟业还没有采访啊……（见对方已经走远）您多保重，别太操心了啊！

广告铺

商人着装条例

　　商人不耕田、不种地，没有创造任何价值，却在贸易中低价买、高价卖，赚取中间差价，祸害农桑，破坏农业发展。

　　为完善先前的"重农抑商"政策，现新增一道"商人着装条例"，具体如下：农民允许穿丝绸衣物，商人只许穿布料衣物。家中如有一人经商，全家都不许穿丝绸衣物。若有违反，严加处置。

大明礼部

喜讯

　　因在金陵（即南京）、上海两地试点成功，从今年（即1375年）年底开始，所有老百姓，凡是没饭吃的，国家提供食物；没衣服穿的，国家提供衣服；没房子住的，国家提供住房。

朱元璋

买鞋请到步步莲

　　在这流行小脚的年代，马皇后的脚那么大，为什么也能买到合适的绣花鞋呢？答案就在我们"步步莲"！

　　无论您是超级无敌的大脚丫，还是如三寸金莲的小脚丫，我们都能给您打造出合适、漂亮的绣花鞋，保证令您步步生莲，摇曳生姿。

步步莲鞋店

第 ② 期

〖1398年—1402年〗

叔侄争锋

穿越必读 ▶

明太祖朱元璋为了增强皇族的权力，把儿孙派到各地当藩王，使得藩王势力日益膨胀。1398年，朱元璋死后，孙子建文帝朱允炆即位，开始削藩。坐镇北平的燕王朱棣不想坐以待毙，于是起兵反抗，直逼京城。这场叔侄间的争锋，便是著名的"靖难之役"。

朱允炆大力削藩，皇叔燕王成疯子
——来自应天府的加密快报

朱元璋在世时，给自己的子孙们统统都封了王，让他们驻扎在全国各地。这些藩王的势力膨胀后，对中央政权构成了极大的威胁。

朱元璋去世后，皇太孙朱允炆即位（史称建文帝）。朱允炆书生气十足，温文尔雅，各位叔叔没有把他放在眼里。因此，朱允炆屁股还没坐稳呢，就一口气削了五个藩王。

然而，就在他打算要对北平（今北京）的燕王朱棣动手时，却有消息传来，说朱棣疯了！朱棣大热天居然穿着个破棉袄在街上狂奔，还发疯似的到包子铺抢包子吃，一连吃了十多个！

其实据记者打探来的消息，这是朱棣放出的"烟幕弹"，事实上，他现在正在日夜训练军队，打造武器呢！

遗憾的是，朱允炆中了"弹"，不好意思动手了。只有他身边的大臣齐泰和黄子澄认为燕王在装病，派人去抓燕王。

而这时朱棣早就准备好了，这下他不疯了，立马以除掉皇帝身边的"奸臣"齐泰、黄子澄为借口，高举"靖难"（平定内乱）的大旗，率领大军来攻打南京。

来自应天府的加密快报！

叔侄对垒，姜还是老的辣

在朱元璋的众多子孙中，朱棣可不是省油的灯。他当年随父亲朱元璋南征北战，久经沙场，无论作战的经验与策略，都比朱允炆老道得多，是朱允炆最强的对手。

刚开始，朱棣这边只有10万军队。不过，由于作战经验丰富，再加上朱棣的领导能力强，所以燕军一点儿也不害怕皇帝的南军。

而朱允炆这边，由于朝中大将早已被朱元璋杀了大半，朝廷已经没有拿得出手的将领了，只好派年近古稀的老将耿炳文出马，但不幸战败。

接着，建文帝改任李景隆为大将，与燕军作战。这个李景隆原本是一个纨绔子弟，不懂兵法，又妄自尊大。他一上任，就收集耿炳文的残余部队，调集50万兵马，开进河间（今河北沧州内）驻扎。

据说，朱棣知道后，

天下风云

笑着对部下说："你们瞧，李景隆军中尽是乌合之众，兵将不能适应北平的霜雪天气，却贸然深入敌军内部，求胜心切却智谋不足。这小子不被咱们打得屁滚尿流才怪！"部下听了这话，士气大振。

为了诱敌深入，朱棣决定让儿子朱高炽留守北平，并交代他说："李景隆来了，你只准守，不准攻。"朱棣自己则去援救被辽东军进攻的永平，临走前还撤去了卢沟桥的守兵。

这招果然厉害，李景隆听说朱棣率军去支援永平了，便直奔北平城下。他见卢沟桥没有守兵，得意洋洋地说："连这座桥也不守，朱棣果然是个糊涂虫！"

可是，李景隆的将士有许多是老将耿炳文的部下，不太听他的指挥，因此几次攻城，都以失败告终。燕军因此得到喘息，并连夜往城墙上泼水，天冷结冰后，城墙又湿又滑，南军一直无法攀城进攻。

朱棣解救永平之后，率军攻破大宁（今内蒙古宁城）。大宁是宁王朱权的封地，他的军队多半是蒙古骑兵，骁勇善战。朱棣将宁王的军队纳入自己麾下，回到北平，对李景隆内外夹攻。

李景隆抵挡不住，连吃败仗，只好脚底抹油——溜了。第二天，士兵们听说主帅早已逃跑，也纷纷扔掉兵器，溜之大吉。

东昌战役——侄子的第一次大胜利

令人好笑的是，李景隆仓皇逃回皇宫后，竟与大臣们联合起来骗建文帝，说自己打了大胜仗。建文帝信以为真，还重赏了李景隆。

公元1400年四月，李景隆又与郭英、吴杰等人，率领60万大军，浩浩荡荡地开进了河北白沟河，却遭到了朱棣10多万大军的迎头痛击。

李景隆屡战屡败，不得不一退再退，最后退到了济南。燕军穷追不舍，也一路追到了济南。最后，李景隆几乎全军覆没。

李景隆兵败后，回到京城。方孝孺骂道："就是这个人坏了陛下的大事！"其他的大臣也怒目而视，恨不得揍他一顿，纷纷要求将他就地正法。

但建文帝不忍心，只是撤了李景隆大将军的职务，任命盛庸为平燕将军，去统兵摆平燕军。

由于之前屡战屡胜，燕军产生了轻敌的心理，在进攻东昌（山东聊城）的战役中，燕军被南军打得落花流水。朱棣的亲信张玉也在这场战争中死去，就连朱棣自己也被包围了，直到援军到了，才成功突围。

这场战争被称为"东昌战役"，这是双方交战以来，建文帝这方取得的第一次大胜利。

燕王称帝，建文帝不见了

公元1401年的春天，大地一片生机勃勃，可对于朱棣来讲，还是寒冬腊月。因为这场战争已经进行了两年多，燕军虽然屡战屡胜，但攻下的城池却只是暂时的，很多根本来不及巩固，就被建文帝这边抢了回去。

正在朱棣为此苦恼的时候，有个对建文帝不满的太监给他送来了情报，说南京城现在正缺少守兵，大家都出去打仗了，因此现在轻而易举就能打下南京城。

朱棣的谋士也劝朱棣绕过山东，以最快的速度直奔南京，一举将它拿下。

于是，朱棣举兵南下，跃过防守严密的山东，直指京城。

建文帝见情况不妙，就想割地向皇叔求和。但这个叔叔不领情，一口拒绝了他的请求。

没多久，燕王攻入南京，即皇帝位（史称明成祖），年号永乐。

直到这时，历时四年的"靖难之役"，才以燕王朱棣的胜利而宣告结束。

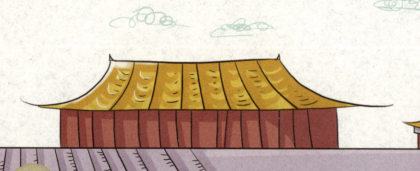
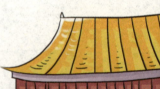

而建文帝呢,生不见人,死不见尸。据说燕军破城后,建文帝无可奈何,本想一死了之,这时,少监王钺(yuè)却告诉了他一个秘密:"你爷爷临死时,给你留下一个铁箱子,让我在你大难临头时交给你。这么多年来,我一直把它藏在奉先殿内。"

建文帝急忙叫人把箱子抬来,打开一看,里边有三张度牒(做僧人的身份证),上面写好了建文帝等三个人的名字,还放有三件僧衣、一把剃头刀,以及一封遗书,遗书中详细标注了出宫路线。

于是,建文帝等三人便遵照爷爷的遗嘱剃了头,换上僧衣,出了宫。

至于去了什么地方,这还是个谜,本报本想继续追踪,但朱棣严厉禁止,只好作罢。

这就是我居住的地方。

方孝孺被诛十族

编辑老师：

你们好！

朱棣身为藩王，却大逆不道，谋权篡位，将我朝立嗣以嫡以长优先的律法破坏得干干净净，作为开国文臣之首宋濂的弟子、建文帝的老师，我感到十分愤慨。

但朱棣却妄想凭借我在朝廷的威信收买人心，多次派人到狱中劝我投降，还让我撰写新皇帝即位的诏书，我就给他写了四个大字——"燕贼篡位"，哈哈！

朱棣火了，就威胁我说："你不怕被诛九族吗？"

我回答说："不要说九族，诛十族我也不怕！"

谁知朱棣真的把我的"门生""朋友"加起来，和我的九族凑成十族，送到我面前，让我先看看，再千刀万剐。

他以为这样我就会屈服，真是太异想天开了。我写这个信，就是想告诉天下百姓和朱棣，能够以身护法，我虽死无憾！

方孝孺

方大人：

您好！首先，非常佩服您为法献身的精神，以及誓死不变的气节。

不过，这样一来，您不仅给自己带来了杀身之祸，还使800多人丢失了性命，包括姓方的、不姓方的，和方家有血缘关系的、没血缘关系的，甚至与您从未见过面的。除去这些，受到牵连入狱、充军、流放的达1000多人。

朱棣这么做，证明他确实心虚。一个人可以非法得天下，却不可以非法治天下。也许正因为如此，对于臣服他的人，他还是很宽容的。

但现在说什么都晚了，对于已经发生的惨案，我们也无能为力。

百姓茶馆

南京街头一老人

我就说嘛，朱元璋杀功臣是不应该的，你瞧瞧，这不就应验了？建文帝没了这些老臣撑腰，又怎么打得过身经百战的叔叔朱棣啊？

卖唱的小六子

按说建文帝也是个大好人，真不知道朱棣攻进南京城之后，他是被火烧死了，还是侥幸逃出宫，当和尚去了。大伙儿都希望他还活着！

某财主

依我看，这皇帝就该由有能耐的人来当，要是朱元璋直接把位子让给儿子朱棣，这朱允炆不就没事了？可这老朱偏要走过场，说什么长子长孙才能继承皇位，现在可好，他好好的孙子现如今下落不明，儿子朱棣也落了个谋朝篡位的骂名。

聪明也惹祸

据说，当年明太祖朱元璋在南京建好皇宫后，便带领文武百官来到紫金山上观赏。站在紫金山巅，朱元璋问大臣们："这城修得怎么样呀？"

众大臣异口同声道："这城固若金汤！"

就在这时，一个稚嫩的声音不知从哪个角落传来："此城修得不好，如果在这座山上架个大炮，一定能击中皇宫。"

众人回头一看，说这话的原来是年仅14岁的朱棣。朱元璋大吃一惊，众大臣都没看出的问题，却让四儿子一语道破，这还了得？

朱元璋见小朱棣竟对城池攻防有如此认识，而他的生母硕氏又是蒙古人，当即认为他对以后太子登基是个威胁，因此总寻思着要除掉他。

一天，朱元璋拿了一个橘子赏给朱棣。小朱棣非常高兴，赶忙回宫把这件事告诉了母亲。母亲急忙说道："你父皇赏你橘子，意思是要剥你的皮、抽你的筋哩！"

于是，母亲趁夜令人用船把小朱棣送往北平。第二天，朱元璋派人来抓他时，发现人已经不在了，便听从大臣的建议，将朱棣封为燕王，并令他这辈子都不得回都城南京。

值得庆幸的是，朱棣最终还是保住了一条命，而且在北平混得很好很强大。

不过，这个故事毕竟只是传说。事实上，朱棣是在21岁的时候，才从南京受命到北平当燕王的。

身份：建文帝

大：大嘴记者　**建**：建文帝

大：皇上，您好！欢迎来到《名人有约》。您认为您与皇叔朱棣谁厉害些？

建（汗）：你可真是哪壶不开提哪壶啊！自然是皇叔朱棣厉害，他从小就跟着爷爷征战沙场，我哪是他的对手！

大：不过，您也有您的长处呀！您温文尔雅，性格温和，宅心仁厚……

建：唉，可是当皇帝光凭这些是远远不够的。在那些强悍的叔叔面前，我不过是个啥也不懂的书呆子。

大：那您为什么还要惹他们呢？

建：老实说，我也不希望叔侄反目，但这也是没有办法的事情啊！既然我做了皇帝，就要维护天下的安宁。各藩王的力量实在太强大了，不能不防。

大：但燕王英勇善战，据说与您交战这两三年以来，他总是处于上风，您有信心战胜他吗？

建：那就看老天安排了，我最坏的打算就是把皇位让给他，使百姓免遭流血与牺牲。

大：您要真为百姓着想，就应该杀了那个李景隆，他可是把60万大军输得干干净净啊！（小声说）我可真是怀疑他是个内奸。

建：我不忍心啊！再说，他是我的亲戚，他打了败仗已经够伤心的了，我怎么能落井下石呢？而且杀掉他也没有多大用处，养着他也不过是多费点儿粮食，何必一定要置他于死地呢？

大（半天说不出话来）：……那朱棣也是您亲戚啊！是您皇叔啊！

建：身为天子，要爱护百姓。我已经下旨，打仗的时候不可以伤害我的叔叔。

大（瞠目结舌）：难怪朱棣敢在你们大军前大摇大摆地走来走去，来去自如，原来有您在后面给他撑腰啊！

建：我总不能在祭祀的时候告诉爷爷，您的孙子杀害了您的儿子吧？

大：唉，您给您的敌人穿上了这么结实的防弹衣，敌人不把您打得落花流水才怪！

建：如果是这样，我也认命了！

大：那您知道吗？从朱棣起兵的那一刻，你们两个都没有回头路了！只有一个人能活着，不是您就是他！一旦您的宝座被夺走，您也就没命了！

建：其实拥有天下又怎么样呢？还不是孤家寡人一个，从坐上皇位的那一天起，既要防大臣，又要防藩王，还要防亲人，太累了。

大：那如果您是这么想，一切就听天由命吧！咱们这期的节目到此为止，再见！

建：这么急着赶我走？我话还没说完呢……

广 告 铺

卖身葬父

由于父亲为建文帝出谋划策，不肯依附朱棣。朱棣派人抄了我的家，父亲也被处死。现在，我一穷二白，连给父亲下葬的银子都没有。恳请各位好心人伸出援助之手，帮我安葬了父亲。我愿意一辈子为您效劳，哪怕做牛做马，也无怨无悔。

黄家大儿子

凭吊靖难忠臣

方孝孺、黄子澄等虽然是一介书生，但面对他人的屠刀，即使祸连十族，也视死如归，令我等文人十分敬佩。

现组织若干人员于清明节前去悼念，若有同道中人，可通过本报与我们联系，集合地点再定。

董伦（方孝孺的同僚）

告天下百姓书

据说近年来有不少骗子打着建文帝的旗号，在民间招摇撞骗。现重申一遍，建文帝已死于宫中火灾，若再有人以此名义行骗，定当问斩。凡举报者，皆可获重赏。

各地衙门

第❸期

〖1402年—1424年〗

永乐盛世

穿越必读 ▶

1402年，明成祖朱棣当上皇帝后，采取了一系列措施，大力发展经济、文化，如远征漠北，平定边疆；疏通大运河；迁都北京；派郑和七次下西洋，加强中国与世界各地的联系。在他统治的时期内，社会安定，国家富强，人们把这段时期称为"永乐盛世"。

明成祖要把都城迁回老家
——来自北平的加密快报

明成祖朱棣在南京当了皇帝没多久，就开始准备迁都的工作。这可不是一般的工程，不但要迁老婆孩子，还要重新建房子，所以很多大臣都提出反对意见，不过朱棣根本不听。根据目前情况看，他已经是吃了秤砣铁了心，非迁不可了。

来自北平的加密快报！

其实这也难怪，明成祖在北平生活了20多年，对那里有着深厚的感情。再加上那里交通便利，而且地势险要，是他的军事与政治根据地。如果在那儿定都，不仅可以抗击北面的蒙古人，还可以进一步控制东北地区。

不过，一些忠于建文帝朱允炆的人则表示，朱棣迁都北平还有一个不可告人的原因，那就是在靖难之役中，朱棣在南京杀的人实在太多了，几乎每一寸土地都染上了斑斑血迹。他再留在这个地方，可能会良心不安，因此才决定迁都北平。

公元1403年（永乐元年），明成祖下达诏书，将北平改名为北京，把北平府改为顺天府。此后，他又下诏修建北京宫殿，即紫禁城。1417年，经过多年筹备的紫禁城正式开始营建。

1421年，朱棣在北京奉天殿接受百官朝见。从此，北京正式成为明朝的首都。

独一无二的经典之作——紫禁城

公元1406年,明成祖下令建造紫禁城。他集中全国最优秀的匠师,征调了二三十万民工和军工,经过长达14年的时间,终于建成了这组规模宏大的宫殿群。

紫禁城南北长约1000米,东西宽753米,内有建筑物多达980座。四面环绕着10米高的坚固城墙,城墙外还环绕着宽阔的护城河。城内宫殿都是清一色的红墙黄瓦,一条8千米长的中轴线纵贯北京城南北,内城、皇城和宫城都以这条中轴线为中心,对称展开。紫禁城的主要建筑就坐落在这条中轴线上,布局严谨,体现了皇帝至高无上的权威。

为什么取名叫紫禁城呢?依照我国古代星象学说,紫微星长期在天空的正中央,代表天帝的居所。而宫殿是皇帝的居所,因此称为"紫宫"。

那么,中间的这个"禁"字又是什么意思呢?原来"禁"是指皇宫是皇家重地,除了为皇帝及其眷属服务的宫女、太监、侍卫以及被召见的官员外,闲杂人等一律不得入内。这就是紫禁城名字的由来。

明成祖修筑紫禁城,虽然本意是希望自己及子孙们身居紫宫,可以令四方归化,八面来朝,从而达到千秋万载、江山永在的目的,却在无意中成就了中国建筑史上独一无二的经典之作,想必后世也很难再超越它了。

皇帝会不会过河拆桥

编辑老师：

你们好！

虽然我是个和尚，但我的志向不仅仅是敲木鱼，我还想创立一番惊天动地的伟业！可以说，朱棣的野心给我创造了一个机会。

虽然朱棣造反不合民意，可作为他唯一的朋友和知己，我非常清楚，造反他也是死，不造反他也是死。于是，我给他出谋划策，帮他打进南京城，坐上了皇位。

但这些年来，我一直寝食难安，因为我知道朱棣太多的秘密。古语有云：兔死狗烹。以后他会不会过河拆桥呢？对此我十二分担忧。

姚广孝

姚军师：

您好！我们知道，您是个奇才，不仅擅长出谋划策，还能指挥千军万马。如果没有您的煽动，燕王未必敢造反。尤其是起兵以后，是您突出奇招，建议直取南京，燕王这才渡过长江，取得天下。因此，对于皇上来讲，您是个非常重要的人物，也是个非常危险的人物。

俗话说，伴君如伴虎。权力这东西，就如同肥皂泡一样，一个人无论生前多风光、多富贵，死后照样会变成一个土馒头。就看您自己怎么对待了。祝您好运！

报社编辑

（姚广孝拒绝了朱棣要他还俗的要求，上朝时身着官服，下朝后就回到寺院，更换僧衣，人称"黑衣宰相"。此后朱棣依然把他当最重要的心腹，直到他83岁去世。）

郑和下西洋

郑和原名马三保，出生于云南的一个回族家庭，他从小聪明好学，对航海有着浓厚的兴趣。为什么他会喜欢航海呢？因为他们家都信奉伊斯兰教，他的祖父和父亲还去过伊斯兰教的圣城麦加（今沙特阿拉伯境内），所以经常对他讲述海外的一些事情。这使马三保对航海充满了好奇。

1381年，明朝军队攻进云南，刚满10岁的马三保成了战俘，被阉割成太监，安排到了燕王府，成了朱棣的贴身侍卫。

在"靖难之变"中，坚毅顽强的马三保跟随朱棣出生入死，并立下战功。朱棣登基后，赐马三保"郑"姓，改名为郑和。从此，他的手下开始称他为"国姓爷"。

1405年7月11日（永乐三年六月十五日），历史将永远记住这一天。这一天，明成祖派郑和带领一支船队出使西洋（我国南海以西的沿海地区）。郑和带了士兵和水手，以及官员、技术人员、翻译和医生总共27800多人（规模令人咋舌），分乘62条大船，从江苏的太仓出发，经过福建沿海，浩浩荡荡地往南行驶。

每到一个国家，郑和就把明成祖的信交给那个国家的国王，并送他们一些礼物，同时表达建立友好关系的愿望。

两年以后，郑和带着西洋各国的使者回到了明宫。这些使者目睹了大明的强盛，敬仰不已。而明成祖也从他们那里了解到很多异国风情，非常满意。

天下风云

　　在接下来的20多年中,明成祖一次又一次地派郑和去西洋各国交流和做买卖,他去过爪哇、苏门答腊、苏禄、彭亨、古里、阿丹、天方、左法尔、木骨都束等30多个国家,最远到达了非洲东海岸、红海沿岸。在郑和的努力下,这些国家不仅与明朝建立了良好的外交关系,还派了很多人来中国学习先进文化。

　　可以说,郑和下西洋大大促进了中国与世界各国的交流,同时也让这个强大、开明、非凡的大明帝国威名远播。而我们的英雄郑和,也在航海历程中,创下了一个伟大的壮举。

百姓茶馆

酒馆的伙计

听说迁都不久，皇宫就发生火灾了，而且全国各地都出现了自然灾害，大家都觉得是迁都惹来的天灾呢！

秀才王某

最近，我听人说，郑和下西洋不过是个幌子。朱棣是想让他去找建文帝，怕他死灰复燃，回来跟他抢位子呢！还有人说，郑和真在我们福州的雪峰山上，碰见过建文帝呢，不过听说建文帝已经对当皇帝没什么兴趣了，他要朱棣好好干，不要再担心他了。

贩卖茶叶的商人

我说这朱棣还真有两下子，他一上台，边疆就被搞定了，大运河也给疏通了……很多皇帝没做到的事，他都做到了。当初我们还担心，这样一个和侄子抢江山的人，会是个无道的君主呢！没想到，他带大家开创了一个太平盛世啊！

天下风云

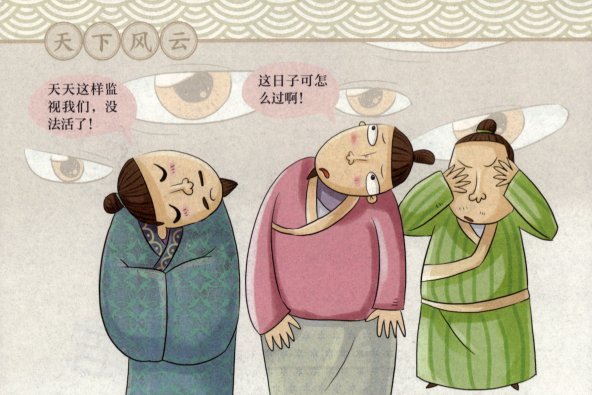

东厂后来居上

朱棣通过靖难之役做了皇帝以后，朝中的很多大臣对他并不支持，老百姓也经常在背地里议论他的不是。当然，朱棣对他们也很不信任。

当时锦衣卫设在宫外，和百官交往密切，朱棣很不放心，便决定在东安门设立一个新机构，取名叫东厂。东厂由宫内受宠信的宦官担任首领，负责监视政府官员、社会名流、学者等各行各业的人。他们什么都管，什么都看。当官的审案，他们要派人听审，六部的文件，他们要派人查看，甚至还派人在各个衙门坐班。

一开始，东厂只负责侦缉、抓人，并没有审讯犯人的权力，抓住的嫌疑犯要交给锦衣卫审理。慢慢地，不经司法审判，东厂就可以直接逮捕和审讯犯人，甚至还开办了自己的监狱。

东厂与皇帝的关系密切，又身处宫内，所以更容易得到皇帝的信任。就连同行锦衣卫，也在东厂的监督之下，有的锦衣卫指挥使见了东厂的首领掌印太监，甚至要跪下叩头。

让人好笑的是，东厂的大堂布置也是极具讽刺意味。一进去，就可以见到墙上挂着一幅岳飞画像，还刻着狄仁杰断案的故事，堂前还竖立着一座"百世流芳"的牌坊。看来他们是希望像这些偶像一样，流芳百世呀！

不过，东厂的探子并没有向这些偶像学习。他们每天行走在京城的大街小巷，并不是一心想着为朝廷办事，而是盘算着为自己谋求利益。他们常常将各种罪名强加给良民，诬陷百姓，然后屈打成招，趁机勒索钱财。

由于东厂镇压反对派的手段特别残酷，而且负责东厂的人又为了自己的腰包，制造了大量冤假错案，因此，东厂在社会上臭名远扬，人人谈之色变。

新闻广场

《永乐大典》横空出世

1403年,皇上命大学者解(xiè)缙和姚广孝等人,开始编纂一套百科全书。这套书涉及天文、地志、阴阳、医卜、各种技艺等,并将其分门别类,一一进行详细描述与说明。

为早日打造出这套百科全书,明成祖发动约3000多名知名学者,让人找来8000多种古今图书作为参考资料,并派人出去寻购天下遗书,同时交代,无论那些奇书有多贵,都得买回来。这套书所涉及的知识面之广,不说"绝后",但也绝对是"空前"的了。

由于采选的书籍众多,参与编修、绘图、圈点、抄写的人不计其数。这些人吃得好,住得好,还可以不用上朝,待遇十分优厚。一时间,南京城云集了不少青年才俊、宿学老儒,出现了"天下文艺之英,济济乎咸集于京师"的盛况。

经过大伙儿5年时间的努力,1408年,这套百科全书终于横空出世了!全书共有22877卷,分装成10095册,全书约3.7亿字,高约50多厘米,宽为30厘米。开本宏大,很有皇家的威仪和气魄。

它保存了14世纪以前,中国的历史地理、文学艺术、哲学宗教等百科文献,规模远远超过了前代编纂的所有类书,是我国最全面的一套百科书籍。明成祖对它十分满意,并给它定名为《永乐大典》。

大学士解缙出口成章

身为《永乐大典》总编纂、大学士的解缙的才华无人不知,无人不晓。他从小就聪明好学,7岁便能诗善文,被称为"神童"。

据说有一天,朱棣突然神神秘秘地对解缙说:"你知道昨夜宫中的那件喜事吗?"

解缙一听是"喜事",马上就想到可能是皇后生了孩子,便吟了一句诗:"君王昨夜降金龙。"

他把皇子比喻成"金龙",本来挺吉利的,谁知永乐帝却眉头一皱,说:"生的是个女孩。"

解缙闻言,马上吟出了第二句:"化作嫦娥下九重。"一个"化"字,将生男改为生女,真是天衣无缝!

可谁知,永乐帝却故意叹了口气,说:"可惜刚出生就夭折了。"

这一次,解缙早有准备,于是脱口而出:"料是人间留不住。"

永乐帝又说:"尸体已经被扔到池塘里去了。"

听到这话,大学士赶紧吟道:"翻身跳入水晶宫。"

这下子,连朱棣也不由对他赞不绝口了。

名人有约

身份：内阁首辅、大学士

大：大嘴记者　**解**：解缙

大：欢迎我们大明的第一奇才解大人，大家鼓掌！据说明太祖很喜欢您，是因为您很有才华吗？

解（一脸不满）：谁说明太祖喜欢我呀？他要真喜欢我，当初就不会因为我的名字不吉利，将状元的头衔白白送人了。

大：您的名字怎么不吉利了呀？

解（皱眉）：我名为"缙"，字"缙绅"，而"缙绅"指的是官宦之家。明太祖说，我名字是没错，可和我的"解"姓连起来，就成了什么解散官宦之家，所以不吉利。

大（恍然大悟）：原来如此！不过，你们家一下子考中三个进士，光这个声望，就远远超过那个姓任的状元了。

解：任亨泰！哈哈，现在也没有几个人知道他了。

大：但作为建文帝时的大臣，您是第一个迎接朱棣进城的人，不怕被人耻笑吗？

解："良禽择木而栖。"我也是将建文帝和他叔叔朱棣反复比较，觉得建文帝远远不如朱棣，才这样选择的。

大：说的也是，"识时务者为俊杰"。就您个人来讲，跟建文帝有没有什么私人恩怨？

解：倒是有一件。太祖死的时候，我去京城吊丧，建文帝竟然听信齐泰的谗言，说我不孝敬自己的父母。建文帝也不问清楚，就将我贬了职，你说气人不气人？

大：那既然您欣赏朱棣，为什么不顺着他的意，改立太子呢？

解：自古以来，皇帝都是立长子为太子。如果不这样，朝中必将大乱。尽管太子有点儿胖，腿脚也有点儿不便，但立太子是件大事，容不得偏袒。再说太子不行，还有皇太孙，皇太孙可是朱棣的心头肉啊！只要让朱棣把视线转移到皇太孙身上来，就好办了。

大：嗯，这招出得厉害！在下佩服！（拱手）不过我最佩服的还是您的文才。听说有一回下雨，您在街上不小心跌倒了，被人笑话，您当场就回了一首很强悍的诗，说什么"春雨贵如油……"

解：下得满街流。滑倒解学士，笑煞一群牛。呵呵！

大（忍住笑）：那我不能笑，笑了就是牛呀！好了，这次访谈很愉快，谢谢解学士！

广 告 铺

展览公告

　　郑和下西洋，带了数不尽的宝物回来，其中有香料、宝石、胡椒及各种精美的外国手工艺品，甚至还有狮子、长颈鹿等珍禽异兽。这些都将在本次西洋展会上展出，届时将有吕宋（今菲律宾）、马来亚、锡兰（今斯里兰卡）等国国王前来参观。若你想一睹异国风情，买几件外国宝贝装点门楣，此次盛会不容错过噢！

山西知府

宫中要职招聘启事

　　你想一跃飞上高枝吗？你想享受高官厚禄吗？如果你在地方教育局长期工作，又表现不好，就可以调到京城当官。每天只需要教宫中人士读书、识字即可。轻松无负担，待遇优厚，前程似锦。欢迎广大有志之士前来报名，条件只有一个：必须净身。

二十四衙门

北京烤鸭，皇上吃了都说好

　　目前，咱北京城最流行的食物是什么？没错！那就是北京烤鸭。北京烤鸭色香味俱全，肉质松软，是明成祖最喜爱的菜肴。实际上，这道菜还是明成祖从南京带到北京来的呢。

　　北京烤鸭，皇上吃了都说好，你还犹豫什么呢？每天一只烤鸭，全家神清气爽！

北京烤鸭店

智者第 1 关

1. 中国历史上的"乞丐皇帝"指的是谁?
2. 朱元璋起兵前,曾在哪个寺院做和尚?
3. 明朝有名的大脚皇后指的是谁?
4. 明洪武元年(1368年),朱元璋在什么地方称帝?
5. 朱元璋称帝之前,奉行的是什么样的策略?
6. 罗贯中最为知名的代表作是哪部?
7. 元末明初的"吴中四杰"是指谁?
8. 在我国古代文学史上,明初诗文三大家指的是谁?
9. 朱允炆和明太祖朱元璋是什么关系?
10. 中国历史上唯一被诛十族的人是谁?
11. 最初建议朱允炆削藩的大臣是谁?
12. 在靖难之役中,朝廷打的唯一一次胜仗叫什么?
13. 朱棣称帝之前,封号是什么?
14. 朱棣是朱元璋的第几个儿子?
15. 明朝奇才解缙的名句"墙上芦苇,头重脚轻根底浅"的下一句是什么?
16. 人称"黑衣宰相"的明朝大臣是谁?
17. 郑和一共几次下西洋?
18. 《永乐大典》是谁负责编纂的?
19. 明朝哪位皇帝将都城从南京搬到北京?
20. 什么是"清君侧"?
21. 明成祖朱棣即位后,社会安定、国家富强,这一时期被称为什么?
22. 紫禁城的"禁"字是什么意思?

第❹期

〖1425年—1435年〗

仁宣之治

穿越必读▶

经过前面几位皇帝的努力，国家的经济得到了恢复。到仁宗、宣宗统治时期，已是国泰民安。再加上这两位皇帝宽松治国、息兵养民，明朝出现了少有的社会稳定、经济繁荣、吏治清明的时期。因此，人们将仁宗、宣宗父子统治时期合称为"仁宣之治"。

残疾皇帝有一颗不残疾的心
——来自北京的加密快报

来自北京的加密快报！

1424年，65岁的永乐帝（明成祖）在北征返京的途中，突然暴病身亡。这位传奇帝王给子孙留下了无数丰厚的遗产，其中最贵重的，当然是他的龙椅了。

为防止二皇子朱高煦和三皇子朱高燧（suì）趁机篡位，英国公张辅、内阁大臣杨荣隐瞒了永乐帝的死讯，并悄悄把永乐帝装进一口大棺材，带回了京城。

在大臣们的精心安排下，太子朱高炽顺利地登上了皇位（史称明仁宗）。

令大家吃惊的是，这个体态臃肿、有点跛脚的皇帝一登基，居然就赦免了因靖难而被流放为奴的官员家属，允许他们回家乡当农民；还当着满朝文武的面说，建文帝时期的很多大臣，比如像方孝孺那样的人，是忠臣，并平反了许多冤案。

要知道，为这些人平反就意味着对他父亲朱棣的否定啊！在一番议论之后，大家渐渐相信，这个敢于改正父亲错误的人，是一个宽厚仁慈的君王。

朱高炽——明太祖的好孙儿

据说，朱元璋虽然不喜欢四子朱棣，但对朱高炽却宠爱有加。

一次，朱元璋问朱高炽："从前，尧统治的时期闹水灾，汤统治的时期又闹旱灾，面对这种情况，老百姓该怎么办呢？"

朱高炽想了想，非常严肃地回道："如果有一个圣明的君王，他能颁布一个体恤百姓的好政策，问题就能得到解决。"

朱元璋听了心里暗暗高兴，认为这个孙儿有当君王的潜质。

又有一次，明太祖叫朱高炽与秦王、晋王、周王的儿子去检阅卫士。见朱高炽最后一个返回，朱元璋便问他干什么去了。

朱高炽回答："今天天气很冷，我让军士们吃饱了早饭，暖过身子再出去，所以回来晚了。"

朱元璋听后，喜滋滋地捋（lǔ）着胡子，夸奖说："好哇！我的乖孙儿知道体恤下情啦。"

随后，朱元璋又叫这四人查阅臣子们的奏章。在汇报时，朱高炽只讲奏文中有关军民利害的事情，对于文

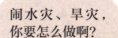

中出现的错字别字,却绝口不提。朱元璋自己把奏章拿过来,见上面有许多错误,有些地方念都念不通,于是皱着眉头问道:"孙儿,你难道没看出这些毛病吗?"

朱高炽回答:"孙儿哪敢疏忽呢!但我觉得,不能啰唆地讲这些没用的东西,那样会浪费您的时间和精力!"

听了这番话,朱元璋对这个孙子更加喜欢了。

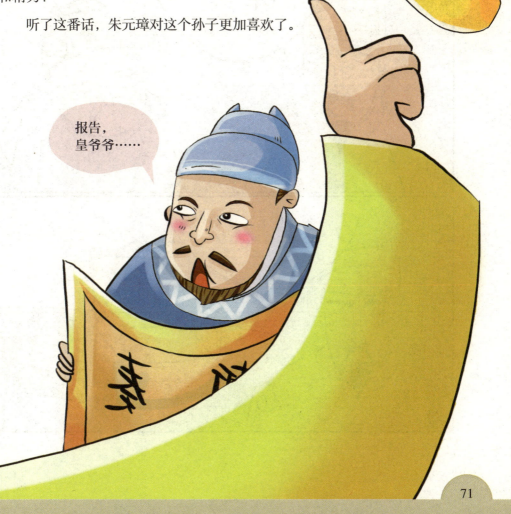

喜欢听真话的皇帝

朱高炽当上皇帝以后，很认真地对文武百官说："有些人当了皇帝后，就自以为了不得，听不得真话，有的大臣就投其所好，一个劲儿地奉承，说好话，结果搞得国势衰败，皇帝也当不下去了。我们一定不能重蹈覆辙啊！"

很多人觉得他不过是刚上台，说点儿漂亮的场面话。有一次，大理寺少卿弋（yì）谦上朝奏事时，说话非常直率，一点儿面子也不给皇帝留。旁边有些官员想讨好皇上，就站出来指责弋谦对皇上不敬，应该受到处罚。

朱高炽正犹豫不决，大学士杨士奇上前一步说："弋谦之所以敢于直谏，是因为他知道圣上是位明君，能够宽容地对待像他这样讲真话的人。"

听了这话，朱高炽就没有处罚弋谦，但他心里总有个疙瘩，每次见到弋谦，脸色就不太好看，态度也很严厉。

杨士奇再次向朱高炽指出："弋谦在众目睽睽之下触怒了圣上，如果圣上对他是这样的态度，大家以后就都不敢说真话了。"

朱高炽恍然大悟："是啊！如果我容不得弋谦，就会堵住忠臣们的嘴，剩下那批迎合我的人，那样只会让我的错越犯越多。"

再仔细想想，朱高炽终于明白，为什么这一个多月来，没有几个朝臣对自己讲真话。他马上对杨士奇说："你去帮我告诉大臣们，朕现在急于

求真言、直言！"

杨士奇又说："为了令百官信服，陛下还是亲自下一道诏书，来表明心意吧！"

不久，朱高炽果然下了一道诏书，并针对弋谦一事进行了深刻的自我反省。从这以后，朝廷中慢慢形成一种敢于直言的好风气。

有了这个正直不阿的领导集团，明朝的国力渐渐变得强盛起来。遗憾的是，朱高炽只做了不到一年的皇帝，就因病撒手西去了。

造反也得挑个好时机

编辑老师：

你们好！

你们都知道，我的大哥朱高炽不但是个大胖子，腿脚还不好，走路都要两个人扶着，更别说骑马了。我真搞不懂，老爸当初怎么会让这种人当皇帝？

而我呢，不仅是一表人才，当年靖难之役，还屡立战功。老爸也说，我像他一样英明神武。我救他的时候，他还对我许诺，说大哥身体不好，只要我好好干，江山迟早是我的。可一直等到那胖子去世了，江山也没有轮到我来做主。这不是忽悠我吗？我恨他们！

人生短短几十年，我不想再等了，想做皇帝，我只有靠自己，你们觉得呢？

汉王朱高煦

汉王殿下：

您好！

看过您的来信，我也对您父亲老是忽悠您而鸣不平。但我也很理解您父亲，因为天子只有一个，立嫡立长是自古以来的传统。如果每个王爷都不顾这个传统，都想抢皇位做皇帝的话，那天下一定会像您父亲造反时那样大乱的。

最主要的是，就算您想造反，也得挑个好时候啊！现在百姓们都安居乐业，谁想跟着您去流血、去牺牲呢？而且造反是地下工作，越隐蔽越好，您倒好，上至皇帝下至平民，几乎人人都知道您老人家要造反了。除了劝您回头是岸外，我们实在是无话可说了。

报社编辑

又一场叔侄之战

朱高炽一去世，朱高煦就像他老爸朱棣一样，迫不及待地造反了！他扬起"清君侧"的大旗，将矛头直指皇帝身边的"奸臣"（当然我们都知道，这只是借口，朱高煦真正的目标，当然是他的侄儿）。

朱瞻基（即明宣宗）不想把事情闹得太大，想和平解决，便派使者去找叔叔，希望他能够就此罢手。

没想到，朱高煦却拿出自己的兵器，在使者面前示威，还说："要是靖难的时候没有我，哪有今天，回去告诉你们主子，乖乖地把那些说我坏话的大臣给我送来，我好和他们谈！"

这下可把朱瞻基惹火了。在杨荣等大臣的支持下，他决定亲自率领大军出征，气势逼人。

朱高煦原以为是些小兵小将来对付自己，没想到侄子竟然亲自前来，一下乱了方寸，变得胆怯起来。

"兵熊熊一个，将熊熊一窝"，那些同朱高煦一起造反的将士，见上头这么没出息，也跟着失去了信心，纷纷逃亡。

很快，明军包围了朱高煦的乐安城。朱瞻基下令，只惩办带头造反的人，其他人不予追问；还反复强调，凡是能捉到朱

高煦的人，不管是活的还是死的，都重重有赏。

城中的士兵听了，心里都打起了小算盘，甚至连朱高煦的侍卫也不时地瞄朱高煦几眼，看得他汗毛倒竖。

眼见造反无望，朱高煦只好举手投降。一场精心策划的政变就这样戏剧性地结束了。

事后，大臣们都劝朱瞻基杀掉朱高煦，但看在对方是自己叔叔的分上，朱瞻基没有答应，只是将他软禁在西安门的牢房里，照样好吃好喝地伺候着。

可有一天，朱瞻基去看望他这个叔叔时，叔叔却猛地一伸腿，把朱瞻基绊了一跤。朱瞻基大怒，命人用300斤重的铜缸把他扣住，然后点燃木炭，把这个不知好歹的叔叔生生烤死了。

而另一个皇叔朱高燧见兄弟造反失败，也不敢再反抗了，乖乖地交出了自己的兵马。

持续了将近半个世纪的藩王问题，终于在朱瞻基这儿成功地解决了。

百姓茶馆

卖油小贩王福

从前,咱们商人的地位一直很低,甚至被大家称为"奸商"。近年来,由于仁宗开明,我们商人的地位有了提高,现在,我做起生意来有劲头了,钱也赚得多了。

闲人李跛子

这年头社会秩序好,打着灯笼也找不着一个叫花子了。我听人说,如今每个县都有养济院,可以免费收留流浪汉和无家可归的人。那里待遇还不错,很多流浪汉进去后,就赖在里面不走了。我也打算去那里待一阵子。

京城一市民

不知怎么回事,明宣宗这么喜欢斗蛐蛐儿,还叫各州县的官员去下面征收这玩意儿呢!你说这大冷天的,农夫们上哪儿去抓蛐蛐儿呀?

为救同窗，杨溥甘愿舍弃钱财

在朱高炽平定诸王的叛乱中，"三杨"的功劳有目共睹，其中杨溥更是为此费尽了心力。其实，从小时候起，杨溥就是个仗义之人。

12岁那年，杨溥在乡校读书。开学没几天，他见同学李岩上课时偷偷擦眼泪，便感到蹊跷。课间，他把李岩拉到角落里，问李岩遇到了什么麻烦。

李岩回答："我父亲被人陷害，关进了县城的牢里。为了赎回父亲，我们不得不变卖家产，我也得退学。今天是我最后一天上学了。"

杨溥听了，心里非常难受，因为李岩不但成绩优异，而且为人厚道。但现在，他却因为没钱读书，就要退学了。

晚上用餐时，杨溥还在为李岩的事情唉声叹气，母亲詹夫人于是问道："儿啊，你有什么心事吗？"

杨溥便把李岩的事儿说了。

詹夫人见李家出了这种事，也特别同情，就把随身带着的10两银子送到了李家。她见李家变卖的物品中，有一个四方砚台非常讲究，就想买给儿子杨溥。李岩的母亲说这是传家之宝，要40两银子。为了帮助李家，詹夫人就忍痛买下了这个砚台。

杨溥见到砚台后，高兴得都快跳起来了。可当他上学看到李岩的空位子时，又忍不住落下泪来。

放学后，杨溥将宝贝砚台放在老师面前，跪着问老师和县里管吏事的

八卦驿站

官员有没有交情,求那人把李岩的父亲放了,好让李岩继续读书。

老师被杨溥的仗义疏财所打动,赶紧将他扶起,试着问他道:"你不喜欢这砚台吗?"

杨溥如实地回答:"不是,我对这砚台爱不释手,可我更舍不得李岩。砚台再好,也只是个死物,怎能同李岩这样的好人相提并论呢?"

老师接着问道:"是你父母要你这样做的吗?"

"是我自己的想法,我父母还不知道呢!"杨溥答道。

老师闻言更加感动,立即答应帮杨溥去求人。

三天后,李岩的父亲果然被放出来了。他一回家,就亲自去杨溥家道谢,并要退还卖砚得来的银子。杨溥推辞说:"救人于危难之间,是我应当做的,这些银子,就留着给李岩交学费吧!"

杨溥的母亲得知儿子援救李家的事情后,不禁高兴地称赞道:"我儿真是好样的!"

我的砚台!

名人有约

特约嘉宾：**朱瞻基**

身份：明宣宗

大：大嘴记者　**明**：明宣宗

大：您好，自从您当了皇帝，一直没听说出什么大事，老百姓的日子也越过越好了，大家都说您比您的爷爷强多了！

明：过奖过奖，我可不敢跟他老人家比。我没有爷爷的雄才大略，能把大明的江山好好守住就不错了。再说了，老百姓也是人，是人就会想过好日子，就算你不给他做思想工作，他也想吃好穿好，只要当官的不加税，他们肯定会努力干活的。

大：作为皇帝，您能这样想，十分难得啊！

明：他们确实过得不容易啊！有一次，我看到几个农民在犁田，就过去和他们闲聊了几句，顺便想推下犁，结果只推了三下，就觉得很累。那农民一年到头在田里劳作，岂不是更加辛苦吗？

大：难得皇上这么体谅百姓。百姓难，做皇帝也不容易吧？

明（撇嘴）：就是那帮大臣才让我觉得痛苦啊！他们成天像苍蝇一样，在我耳朵边嗡嗡叫，不准干这个，不准干那个。我一不好色，二不好玩，每天辛辛苦苦工作，只是忙里偷闲斗个蛐蛐儿，他们居然偷偷叫我"蛐蛐儿皇帝"！我堂堂一国之君，活得憋屈啊，兄弟！

名人有约

大（**气愤**）：太过分了！皇帝就不能有自己的爱好吗？

明（**抱头痛哭**）：兄弟，你真是我的知己啊！可我说不过他们啊，他们是一群人，我是一个人啊！我要是不听他们的"忠言"，他们就说我是昏君！

大：太不像话了！哪个敢这么说，把他们撤了！

明：不行啊，要是撤了他们，谁给朝廷干活啊！那么多事，我一个人干不了啊！

大（**两手一摊**）：那怎么办啊，皇上？

明（**停止哭泣，捂嘴笑**）：哼，他们不就是欺负我人少，怕他们罢工吗？我拉别人一起来对付他们不就得了？我要让他们看看，除了他们，我大明有的是人！

大：可您身边除了大臣，就是些太监，谁能帮您呢？（停了一下，恍然大悟）莫非您请的帮手就是太监？

明（**得意地笑**）：比起那些"苍蝇"，这些从小陪着我一起放风筝、斗蛐蛐儿的太监就像蛐蛐儿一样可爱！

大：皇上三思啊！太监没文化，哪是那帮文官的对手啊？

明：没文化，就教他们读书啊！太监也是人，我就不信他们学不好！而且太监参政也没什么不好的，不就是一个太监嘛，能整出多大的乱子来？

大：嗯，我也希望唐朝宦官专政的事情不要重演。好了，时间到了，今天的访谈就到这里吧。下次再见！

明：喂，等等，你不是要送我一只蛐蛐儿吗？在哪呢……

广 告 铺

打造极品香炉，急招炼铜大师

近期，为满足皇上玩赏香炉的嗜好，朝廷特从暹(xiān)逻国(今泰国)进口一批红铜，准备打造3000座香炉（后称宣德炉）。

宣德炉的构造与风格，将参照皇府内藏的柴窑、汝窑、官窑等名窑的样式，及《宣和博古图录》《考古图》等书籍。为保证香炉的质量，需将红铜加入金、银等几十种贵重金属，精炼12遍。

这将是中国首次用红铜做成的铜器，炼成之后将陈列在宫廷各个地方。由于数量庞大，做工精细，现急需经验丰富的炼铜大师，及擅长设计与铸造器具的工匠们。若想流芳百世，请速来工部报名。

工部侍郎吴邦佐

给蛐蛐儿一个舒适的家

由于宣宗皇帝爱斗蛐蛐儿（也称蟋蟀），现在斗蛐蛐儿已经成了老百姓茶余饭后，必不可少的一个娱乐活动。你是真心爱你的蛐蛐儿吗？你愿意给你的蛐蛐儿一个舒适的小窝吗？本店特意为蛐蛐儿们准备了各种各样的精美小罐，有金罐、银罐、铜罐，还有瓷罐、土罐，另有少量饲料相送。多买多送，欢迎大家前来选购！

山东必胜蛐蛐儿店

蟋蟀征集令

承蒙宣宗皇帝厚爱，看上了我们苏州的蟋蟀，还特令公公前来我地采办。为了让公公满意而归，特命各乡10日内奉上绝好蟋蟀五只以上，以供选择。不得有误，违令者斩！

苏州知府

第 5 期

〖1435 年—1449 年〗

皇帝成了俘虏

穿越必读 ▶

1449年，北方的一个蒙古部族——瓦剌（là）向明朝挑起战争，明英宗朱祁镇在太监王振的怂恿下，率20多万大军亲征，结果在土木堡被瓦剌军团团围住，全军覆没，就连明英宗也被瓦剌军俘虏。这就是著名的"土木堡之变"。

朝中无三杨，宦官来称"王"
——来自北京的加密快报

1435年正月，38岁的朱瞻基因病逝世，年仅9岁的太子朱祁镇（即明英宗）即位。

不难想象，一个孩子做皇帝，幕后必有"高人"指点！这些"高人"是谁呢？他们就是三大重臣杨士奇、杨荣、杨溥（简称"三杨"）。

从明成祖朱棣开始，"三杨"就在朝中辅政，办事十分老到。在他们的辅助下，经济继续发展，百姓安居乐业。因此，朱祁镇这个小皇帝，也当得有模有样。

只可惜，他们年纪大了，没多久就死的死，退的退。朝廷渐渐成了宦官的天下。其中一个叫王振的宦官，不但大权独揽，而且控制了锦衣卫，势力最大。

王振从事的是宦官中权力最大的司礼监，总管宫中宦官事务和提督东厂等特务机构，并替皇帝掌管一切奏章、文件和代传圣旨等。后来连皇帝的意见，也要由他用红笔批在奏章上（叫"批红"）后，才交出去颁发。

掌握了"批红"大权，实际上就几乎成了皇帝的代言人了。朱祁镇把这么重要的职位交给一个太监，不少人都为他捏了一把汗！

来自北京的加密快报！

从教书先生到专权太监

说起来,王振是一个很不简单的人。他本来是在县里做教书先生,而且已经有了老婆、孩子,可为什么要挨那一刀,当太监呢?

如果大家记性好,一定记得第3期为宫人招聘老师的广告。当时,很多人都把它当笑话,然而王振却认为这是他的一个机会,一个出人头地的机会。

因为他虽然苦读多年,却一直没有金榜题名。得到这个消息,他就想:只要能进宫为官,叫我做什么都没关系。于是,他不顾妻儿的反对,做了一件没人想干的事情,进宫当了太监!

宫里的人很多都没文化,因此十分尊重这位有点儿墨水的"王先生"。慢慢地,王振的名气越来越大,就连宣宗朱瞻基也知道了他这个人。不久,宣宗便让他专门服侍皇太子朱祁镇。

朱祁镇当时还小,不喜欢读书。"不读书没关系,咱们就一起来玩儿吧!"于是,王振投其所好,不知从哪里弄来许多玩具,变着花样陪朱祁镇玩耍。

朱祁镇因此特别喜欢他,当了皇帝后,也对他言听计从。

由于"三杨"都是前朝元老,德高望重,因此他们掌权时,王振还不敢放肆,表面上对他们恭恭敬敬,事事顺从,因此很快就赢得了一些大臣的称赞。

"三杨"退的退,死的死后,王振马上原形毕露。他做的第一件事就

绝密档案

是令人把明太祖立在宫门上的那块铁碑移走。为什么？因为那上面写着八个大字："内臣不得干预政事"。

之后，他依仗皇帝的信任，利用"批红"大权使劲捞银子。谁要是顺着他，捧着他，给他送礼送钱，就会立刻得到提升；谁要是跟他对着干，就会马上受到处罚和贬黜（chù）。

一时间，他的权势大得简直可以顶破天了。

然而，王振对此并不满足，因为他的梦想是出人头地，像他的偶像朱棣那样，驾着高头大马驰骋沙场，横扫千军。

这样的理想固然是好的，然而，这样一个手无缚鸡之力的教书先生，后靠投机钻营当上官的太监，能够成为战场上的英雄吗？

好，快给我。

只要你听我的，我就给你。

天下风云

一场生意引发的战争

15世纪中期，蒙古族的瓦剌部逐渐强大起来，统一了蒙古。作为大明的附属国，他们每年都要向大明献马进贡。

明朝有个规定：对于附属国进贡的物品，不论质量、数量如何，都会相应地给予赏赐。可是，蒙古是游牧民族，极度缺乏农产品和手工业制品，为了得到这些物品，他们只好不断地增加来大明朝贡的人数，有时候，上一批人还没返回，下一批人又到达了京城。为了多领赏赐，他们还经常虚报朝贡人数。

对于这些，王振都装作不知道，因为蒙古首领也先每次来京，都会给王振行贿。

1449年，也先一气儿派了3000（实际只有2000名）名使者来朝贡，并替儿子向明廷求婚。王振突然翻了脸，不仅回绝了婚事，还减去了五分之四该给的赏赐。原来这次，也先忘了向王振行贿。

这下把也先激怒了！本来他就一直跃跃欲试，想为祖先们雪耻，现在报仇的机会到了！

于是，他挥起刀剑，兵分四路，气势汹汹地向明朝发起了进攻，并亲率一支大军进攻大同。大同的将士防不胜防，打了几次败仗后，向京师告急。

天下风云

京师的大臣听到消息,都有点儿惊慌,只有王振十分兴奋,为什么呢?因为他觉得这是一个建功立业,实现自己抱负的好机会。

可他是个太监,又不懂军事,怎么能带兵出征呢?于是,他极力怂恿英宗:"这次也先只带了两三万人马出征,皇上若是御驾亲征,一定能打败他们,青史留名!"

英宗也想大显身手,于是不跟大臣商量,就宣布两天后出发。

大臣们知道后,十分震惊,拼命阻拦:"这次作战没有充分准备,皇帝亲征太危险了!"

"你们全是缩头乌龟!"王振嘲笑道。

英宗听了王振的建议,用了不到五天的时间凑了50万(其实只有20万)大军,随便配了点儿粮草,就匆匆出发了。

由于天降大雨,粮食接济不上,将士们一路都无精打采的。走到大同一带,遍地都是明军的尸体。一些大臣建议班师回朝,王振大怒,罚他们跪在草地上,直到天黑才能起来。军队仍然继续前进。

直到他的同党郭敬从大同败下阵来,告诉他明军前锋已经被杀得片甲不留,王振才开始有点儿害怕,下令撤军。

天下风云

撤军讲究的是速度，既然要撤，撤得越快越好。可王振却突然记起自己的老家蔚县就在附近，于是想请皇帝到自己的家乡"做客"，顺便向父老乡亲炫耀一下。

于是，大军调了个方向，向蔚县出发。可走了40里以后，大军又停了下来，改道向宣府（今河北宣化）行进。原因是王振怕大军踩坏家乡的庄稼（有人说那里的田地可能是王振的）。

这样折腾来折腾去，耽误了不少时间。而也先已经派人追了过来。

当大军行到怀来城附近时，大臣们要求进城休息，可王振见装粮草的车子没到，害怕自己搜刮来的财物丢了，坚决让大军在土木堡（今河北怀来东南）扎营。结果，第二天就被也先的追兵包围了。

也先占领了附近唯一一条河流，切断了明军的水源，然后假惺惺地与明军求和，假装撤退。天真的英宗爽快地答应了。

然而，就在明军兴奋地跑去喝水时，也先发动了突袭，明军乱成一团，顷刻间溃不成军。

王振吓得浑身发抖，带着禁卫军几次想突围，都不成功。也先趁乱冲过来，将英宗俘虏了。

禁军将领樊（fán）忠万分愤怒，抡起大铁锤，一下结果了王振的小命。天下终于少了一个祸国殃民的大奸贼。

这一仗，明军将士死伤几十万，最精锐的京城部队全军覆没，财物损失无数。更让人痛心的是，大明天子成了也先的俘虏。这就是著名的"土木堡之变"。

一句话导致声名狼藉

编辑们：

　　你们好！

　　前不久发生了"土木堡之变"，皇上成了俘虏，北京岌（jí）岌可危。我夜观天象，发现北京可能保不住了，就建议南迁，这样还有可能保存部分实力，他日东山再起。

　　我本来是一片好心，有这想法的大臣也有很多。谁知这话刚一说出口，就遭到了兵部侍郎于谦的坚决反对，他还说建议南迁的人统统该杀，并誓死保卫北京城。

　　从此以后，我的名声就被彻底毁了。每当在路上遇见别的官员，他们就嘲笑说："这不是那个建议南迁的徐珵（chéng）吗？"

　　为了免遭嘲笑，我只好将名字改成了徐有贞。即便如此，我还是时常被人歧视。唉！不就说错了一句话嘛……

徐珵

徐大人：

　　你好！为了保住自己的荣华富贵，你一个朝廷命官竟然想出这么个"夜观天象"的馊主意，真是白白吃了朝廷这么多年俸禄！

　　"土木堡之变"是我们不愿看到的，但事情既然已经发生，身为大明的臣子，首先想的应该是怎么保住京城，而不是往南方逃命。

　　如果将都城南迁，北京城就会被也先的部队占领，而英宗又落在了对方手上，到时候，我们就只能任凭也先摆布。如此一来，大明就真的危险了。

　　还好大家没有听你的建议，不然，你现在已经成了千古罪人。那时，别人对你就不是嘲笑，而是痛恨和唾骂了。

报社编辑

天子面前，惊现午门血案

好可怕！

皇帝被俘虏后，百官号啕大哭，同时又发愁得很。因为"国不可一日无君"啊，可太子才两岁，怎么能在这生死存亡的关头，担当大任呢？

想来想去，大家想到了22岁的郕（chéng）王朱祁钰，也就是英宗的弟弟。在大臣与孙太后的商议下，朱祁钰当上了代理皇帝（即代宗）。

朱祁钰十分欣赏于谦的胆识和能力，把防守北京的重任交给了他。

于谦当了兵部尚书后，在他的指挥下，来自不同省份的军队，运着粮食纷纷赶到京城，京城的防御工事也得到了加固，人心渐渐稳定下来。

然而，每当想起好好的大明帝国，被一个太监逼到要灭亡的境地时，大家都恨透了王振。即使他人已经死了，可他还有同党，有族人啊！

朱祁钰当上代理皇帝的第五天，很多大臣跪在午门前，哭着说："王振作恶多端，祸国殃民，如果不把他的同党和族人清理干净，我等今天就死在这里！"

朱祁钰哪见过这个架势，正在犹豫不决的时候，王振的同党马顺却不知趣地站了出来，大声呵斥群臣，让他们退下。

一个叫王竑（hóng）的大臣见马顺还在这里作威作福，第一个冲了

上去,狠狠地给了他几拳!

愤怒的大臣们见状,一拥而上,当着皇帝的面,对马顺一顿拳打脚踢,居然把马顺活活打死了!

紧接着,还没等朱祁钰下令,大臣们就自己下手,又打死了几个王振的同党。没几刻工夫,地上就横躺了好几具尸体,血肉模糊。

朱祁钰见状,生怕发生政变,拔腿就想溜。

这时,于谦站了出来,拉住朱祁钰说:"陛下,大家不是冲着您来的,实在是王振和他的同党作恶太多,臣民们才会对他们恨之入骨,只要陛下能够惩治王振的党羽,群臣就会愿意辅佐您。"

朱祁钰这才平静下来,接着命手下将王振的死党统统揪出来,处以死刑。

大伙儿出了这口恶气,对于谦十分敬佩。朱祁钰也水到渠成做了皇帝。这样一来,英宗就成了太上皇。

不要打我啊!

北京保卫战，文弱书生力挽狂澜

也先俘虏英宗后，不知该如何处置。杀了吧，怕引来祸患；放了吧，心有不甘。也先的弟弟伯颜帖木儿建议说："大明皇帝奇货可居，何不把他留下，送去北京兑换财宝和城池呢？"

也先听从了弟弟的建议。出乎意料的是，明朝将领们一点儿也不买账。不久，探子来报，说明朝有了新皇帝，还下诏不许官员私自和瓦剌联系。

手中的王牌作废了，也先气愤不已，就挟持英宗，率军杀向北京城。

于谦立刻召集大家商量对策。大将石亨建议，敌军的实力过于强大，但他们远道而来，只要坚守城池，时间久了，他们熬不住，就会

读书人更要关心国家大事啊！

天下风云

退兵。

于谦不同意,说:"为什么要示弱,使敌人更加轻视我们呢?"

在他的精心部署下,各路将领带兵出城,分别在九门外摆开阵势。而他亲自率领一支人马守在最紧要的位置——德胜门外。

最后,他下达了一道命令:"各个城门全部关闭!有敢擅自放入城者立斩!将领带头后退的,斩!兵士临阵脱逃的,斩!"

在于谦的鼓舞下,明军士气大振。也先发动了几次进攻,都被明军奋勇阻击。老百姓也积极配合,不断向敌人投掷砖瓦。随后,各地的勤王军也陆续赶来支援。

也先招架不住,只得带着英宗,退回了草原。这一战,令明朝转危为安。文弱书生于谦力挽狂澜,立了大功,受到天下老百姓的爱戴。

百姓茶馆

不得了啊，不得了，土木堡之战竟死了这么多人，连咱皇帝也被抓走了，而且抓他的，只是个小小的蒙古部落，我的老天啊！咱大明的百姓可怎么办呐？

财主金万两

厉大爷

听说那太监王振被杀了，杀得好啊！要不是他，皇上能被抓走么？就算他长10个头，也不够砍的。

我就是不太明白，皇帝是怎么想的，他年纪也不小了，怎么什么事都被王振牵着鼻子走啊？我看他才是罪魁祸首，要不是他，王振有机会害人吗？

愤世嫉俗的闲人

李师爷

朱祁钰还不错，大敌当前，还能坚持抵抗，敢于保护自己的国家。要知道，他那时候只是摄政王，还不是真正的皇帝，他完全可以把责任推给别人！你看南宋的皇帝赵构，不就把都城迁到南方去了吗？能守住半壁江山，也没人会说他。但是，朱祁钰却坚持下来了，这需要很大的勇气，他很了不起啊！

长得丑不能当状元

一般来说,科考取才应当不会以貌取人,然而自古以来,因为长得丑而被剥夺状元资格的,却也不少见。

据说,唐朝时期的黄巢文才出众,却因长相不好而落榜。不过,这可能是戏说,并没有真凭实据。然而如今的大明王朝,状元除了要文才出众外,还的确要求相貌出众。皇上点状元之前,考官和皇帝本人都要看前三名的相貌,再决定状元、榜眼、探花的次序。当然,这让一些文采好而样貌欠佳的人,为此白白丢掉了状元。

在明英宗正统四年的殿试中,读卷大臣最初选定的状元是张和,但在点状元前,英宗派太监去张和的住所考察了一下,太监回来禀报说:"张和的眼睛好像有毛病。"

"眼睛有毛病?这可不行!"明英宗连连摆手。于是,张和被降了好几个名次,原本第二名的施槃(pán)成了状元。

既然点状元要以貌取人,难道咱大明王朝的状元就没有一个长得丑的?那也不一定。有一年科举考试后,大学士杨士奇拿着考卷上殿,准备将一个叫周旋的定为状元。在宣读前,杨士奇问下边的人:"周旋相貌怎么样呀?"

在场的一位浙江官员以为问的是浙江的周瑄(xuān),便回答:"我见过这人,是个美男子,既清秀又高大。"

随即,周旋被点为状元。

可轮到周旋亮相时,大伙儿却发现他长相丑陋无比,把当场所有人都吓了一跳。看来,这次失误是因为皇帝没有亲自考察,又由于"旋"和"瑄"读音相近,所以才让这周旋捡了个"便宜"啊!

名人有约

特约嘉宾：于谦

身份：兵部尚书

大：大嘴记者　于：于谦

大： 于大人好！都说您长着一副救世宰相的模样，果然不一般啊！

于： 还好还好，那都是小时候和尚随口说说的。

大： 这和尚太厉害了，未卜先知啊。我到宣宗时候才听说您的大名呢！

于： 哈哈，是因为我骂了汉王朱高煦的事情吧？那次骂得很过瘾啊，骂得他头都不敢抬！好好的汉王不当，天天想造反，不给他点儿颜色瞧瞧，他就要飞上天去了。

大： 您的这张嘴可比我的厉害，难怪皇帝升了您的官。

于： 说是升官，其实就是去河南、山西一带考察了一下，抓了几个贪官，救了几批灾民，修了一下黄河堤坝，放了几百个被冤枉的犯人。总之，都是些杂七杂八的小事。

大： 在您看来是小事，在百姓看来，那可都是天大的事儿啊！就是因为这些"小事"，连太行山的盗贼都很尊敬您呢！

于： 只要头顶乌纱帽，就要为民做事，不管是大事，还是小事！

大： 可有的官不这么想啊！乌纱帽就是他们的聚宝盆，乌纱帽越大，捞的钱越多。一般官员要见到他的话，必须送白银百两，更别说老百姓了。

于： 你说的是王振吧？那招儿对我不管用，我也没什么金银财宝可以送。

名人有约

大：啊，那总得送点土特产，意思意思吧？

于（吟诗）：手帕（绢）蘑（麻）菇与线香，本资民用反为殃。清风两袖朝天去，免得闾（lú）阎（yán）话短长！哈哈，我啊，只有两袖清风可送！

大：大人不为权贵折腰，精神可嘉，但王振不会轻易放过您吧？

于：他早就看我不顺眼了，有一次还判了我死刑。

大：这事我也听说了，后来数千老百姓联名上书，甚至连藩王也替您说话，王振没辙了，只好说抓错了人，把您给放了。这可是要斩头的事，能抓错吗？真是的！

于：那奸贼不过是给自己找台阶下罢了。我只恨他在朝时，我一腔热血，无处可洒！

大：苍天有眼，现在他已经在土木堡被人砸死了。

于：他要不死，天理难容！只可惜，连累了几十万大军给他殉葬！

大：要不是您，不知还有多少大明的老百姓要给他殉葬！说起这个，大家都很佩服您！您一个文弱书生居然敢上阵打仗，实在是我等书生的榜样！

于：保卫家园，人人有责！京城是天下的根本，一动大明就完了！我不希望我朝重蹈宋朝南渡的覆辙！

大：不过，您立英宗的弟弟为帝，不怕英宗回来找您算账吗？

于：非常时期，"社稷为重，君为轻"，我完全是为国家考虑，不是为个人打算，问心无愧！真要是发生了什么事，我一人承担！

大：说实话，我认为他们没有资格找您算账！皇帝我们可以立很多个，但于大人我们只认您一个！

于：世间自有公道。好了，如果没有其他事情要问，我要回去忙了！

大：于大人好走，保重，再见！

广告铺

征兵令

　　小小的瓦剌，竟然骑到大明的头上来了，实在是可恶！自今日起，但凡我大明子民，从18岁到58岁的健康男性，都应响应朝廷的号召，献身军营，为国效力。

　　保卫国家，就是保卫自己的家园、父母和妻儿。不要迟疑，也不准迟疑，快快去征兵处报到吧！

大明兵部

好书出租

　　著名小说集《剪灯新话》因作者瞿（qú）佑愤世嫉俗，借用鬼怪神仙的事儿评论时政，近日将遭禁毁。

　　为满足大家看到这本书的愿望，我处已经寻到多个手抄本，若想知道本书为何被禁，就来本处租借。机不可失，时不再来。

百花书坊

求助各位好心人

　　为鼓舞士气，英宗御驾亲征，却不幸被俘。他是大明的皇帝，也是我的丈夫。如今，他在瓦剌尽受凌辱，生死悬于一线。

　　身为妻子，我却没有一点儿办法，只能在此恳请大家奉献爱心，将我的丈夫早日赎回。若能赎回，定当重谢！

钱皇后

第 6 期

〖1449 年—1464 年〗

一个朝廷，两个皇帝

穿越必读 ▶

北京保卫战胜利之后，英宗被瓦剌放了回来，这样一来，就出现了"一个朝廷，两个皇帝"的局面。为了防止英宗夺权，代宗将他软禁在南宫内，一直到徐有贞、石亨等人发起"夺门之变"，救出英宗，并扶助他重新登上皇位。英宗复位后，拥护代宗的大臣于谦、王文等人被杀害。

接不接，是个问题
——来自北京的加密快报

据说，也先在京城吃了败仗后，不仅损兵折将，还失去了明朝提供的生活必需品，生活过得异常艰难。因此没多久，也先就开始着手与明朝讲和，并表示要送还朱祁镇。

可朱祁钰刚在龙椅上坐稳，还不想这么快就迎回自己的哥哥，因此态度十分冷淡。

来自北京的加密快报！

众大臣看不过去，开始进谏：

"皇上，那可是您的哥哥呀！他也够苦命的。"

"万岁爷，还是让他进城来吧！"

"现在不把太上皇接回来，以后后悔可就晚了。"

"堂堂一个皇帝，让他老在敌人的阵营里当俘虏，实在有损国威！"

……

朱祁钰大怒："我本来就不稀罕这个位子，是你们逼我坐的！你们这么说，想干什么？"

群臣们一下傻了眼，最后还是于谦说了句："皇位已定，何必在乎有没有他呢？"

朱祁钰这才转怒为喜，派人去安排接哥哥回京的事情。

但是太上皇会这么轻易地回来吗？经历了这些变故，在权力面前，俩兄弟还能重拾旧好吗？请看记者跟随使团出使蒙古发回的报道。

103

不花一分钱，完美迎归太上皇

在群臣的劝谏下，朱祁钰虽然一百个不愿意，但还是派使者上路了。值得一提的是，使者没有带一分钱，谈判书上也没有说要接朱祁镇回去。

看到弟弟派来的使者，朱祁镇格外高兴。一番嘘寒问暖后，朱祁镇说："我在这里待了一年，只要皇上愿意接我回去，我哪怕只是做个老百姓也好啊！"说着，朱祁镇失声痛哭起来。

使者看着他，冷冷地说道："早知今日，太上皇当初为何要宠信王振那个小人呢？"

后来，代宗又派了几个使者，照样是去装样子。其中有个叫杨善的人，特别能说会道。

谈判一开始，也先就发出了连珠炮似的疑问："你们为什么降低马的价格？为什么把一些劣质布卖给我们？为什么常常扣留我们的使者？为什么每年都要减少给我们的赏赐？"

杨善不慌不忙地说："我们没有降低马的价格，你们每年送来的马都在增加，马匹总价每年都上升，我们买不起又不忍心拒绝，只好稍微调低了一点儿价格。您想想，你们的马匹总价是不是比以前高了很多啊？"

"劣质布匹的事，我们也已经查处了相关人员，您送来的马匹也有不好的啊，这肯定也不

是您的意思吧。而且你们的使者多达三四千人，这里面难免有一些人偷东西，做点儿坏事，您平时一定执法公正，如果回去呢，他们担心会被您追究，所以就自己逃了，这可不是我们扣留了他们啊。而且赏赐我们也没有减，减掉的只是那些虚报的人数，已经核实的从来没有减过啊！"

一番话说得也先连连称是。

杨善趁机提出了重点："太师派兵攻打我们，也死伤了不少人。不如把太上皇送回去，咱们和好如初，每年继续给你们赏赐，不是对两国都好吗？"

"那你们国书上为什么没写要接太上皇回去呢？"

"这是为了成全太师的名声啊，让您自己做这件事。要是写在国书上，您不就成了奉命行事吗？"

也先大喜，正准备高高兴兴地放人，旁边有人站了出来，问了一句很实在的话："你们怎么不带重金来赎人呢？"

杨善笑道："要是带了钱来，别人就会说太师贪财。没带钱来，我们才有机会见识太师的仁义啊！这样的男子汉大丈夫，一定会名垂青史，万古流芳！"

就这样，这个看起来毫不起眼的小老头杨善，在没有花一分钱的情况下，把朱祁镇顺利地带了回去。

百姓茶馆

李公公

前段时间我们还在想,这太上皇明英宗到底怎么样了呢?结果也先已经把他放回来了。他一回来,这国家恐怕又要乱套了,你想想啊,现在是他弟弟坐着龙椅呀,俩兄弟为了争这把椅子,肯定要大干一场了吧?

贺知府

咱中国有句老话,兄弟如手足,我看有时候呀,兄弟为了争权夺利,也不管什么手足不手足了。你瞧瞧,这英宗与代宗之间,不就是活生生的例子吗?

王老先生

听说明英宗做了一件大好事,将朱棣关押了好几十年的一个人给放了,这人好像还是建文帝的二儿子呢!以前那么多皇帝,没有一个这么做的,明英宗这么做,说明他不是一般的仁慈呀!

一山不能容二虎，俘虏皇帝变囚徒

告别了一年的俘虏生活，明英宗在弟弟的"隆重"迎接下（一顶轿子，两匹马），安全地回到了京城。不过，许多大臣表示，自己根本没有与英宗碰面，这是怎么回事儿呢？

原来，英宗一回京，代宗就把他送到了南宫——一个破落的旧房子里，软禁了起来。为了防止明英宗卷土重来，代宗让锦衣卫把这里作为看守重点，严禁他人进出；还将南宫的大门紧紧锁住，并灌了铅，食物由一个小洞送进去。有时，就连这点儿食物也克扣，没办法，钱皇后只好自己做些女红，让人带出去变卖，换点儿日用品。

更令人叫绝的是，为了避免有人与英宗联系，代宗还派人将南宫的树木全部砍光，以防里边藏有奸细。

明眼人都能看出来，英宗已经从俘虏变成了弟弟的囚徒。看来，这代宗是舍不得把皇位还给哥哥了。

不过，据宫中传来的消息，英宗并没有什么怨言，因为对他来讲，能够好好地活着，和妻子待在一起，他已经感到很满足了。

服侍他的宦官都说，尽管开始觉得英宗是个窝囊废，常常给他脸色看。但相处久了，发现他是一个真诚善良的人，慢慢地，就成了他的朋友。

他们对英宗充满同情，但也没有办法，因为一山难容二虎，谁叫英宗是个失败者呢？

只打了个盹儿,就把皇位弄丢了

自从哥哥回来后,代宗一直吃不香,睡不着。当初当皇帝的时候,他答应了大家,将来要将皇位传给英宗的太子朱见深。

可现在,代宗尝到皇权的美妙之后,就想把太子换成自己的儿子。然而要这么做,他必须得到大臣们的支持。

于是,他召来内阁的六位大臣,对他们进行了一番表扬后,让太监给每人送钱,希望他们站在自己一边,改立太子。虽然钱不多,最高的只有100两,但皇帝送的钱,不能不收啊!

收了皇帝的贿赂,大臣们也不好公开反对,只好睁一只眼,闭一只眼。经过一阵"紧张"工作后,英宗的太子朱见深被废为沂王,代宗唯一的儿子朱见济成了太子。

天下风云

然而，人算不如天算，没多久，朱见济就病死了。唯一值得庆幸的是，代宗还年轻，还可以再生一个太子。

转眼，明代宗当了八年皇帝，这一年，他突然得了重病。立太子的问题又被重新提起，众大臣意见不一，有的主张立朱见深，有的主张迎立藩王。

这天，内宫突然传来代宗病情好转的消息，于是，大臣们准备第二天与代宗商议立太子的事儿。但代宗由于大病初愈，第二天早上刚起床不久，又躺下睡着了。群臣没有等到代宗，只好等第二天再来。

没想到，就在这天夜里，徐有贞、石亨和宦官曹吉祥等人带领一千多人潜入南宫，迎立英宗复位（史称"夺门之变"）。

一个月之后，代宗病重身亡。于谦等功臣被徐有贞加了个"迎立藩王"的罪名，残忍地杀害了。

我要还于谦一个公道

编辑老师：

你们好！

我与于谦在朝为官，虽然交往并不密切，甚至还有政治分歧，但我十分佩服他的为人。他勇敢、正直、廉洁、无私，要是没有他，不要说北京城没有了，就连大明在不在都难说！

而英宗复辟之后，徐有贞却说，要是不杀于谦，夺门之变也就师出无名了。还说于谦不想立太子，想立藩王，于是冤杀了于谦。

这样一个为国尽忠的英雄却死在了一些小人手上！我要为他讨一个公道！也希望你们能够借助舆论的力量，帮我除掉这些小人！

李贤

李大人：

您好！

于谦死后，上至朝廷官员，下至百姓平民，无不为他落泪。

当我们给您回信的时候，我们得知一个消息，朱祁镇的叔叔襄王，也就是当年据说要被于谦接到京城当皇帝的藩王，去京城跟朱祁镇见了一面，解开了这个误会。

现在，朱祁镇已经明白，于谦是清白的，自己被人当枪使了！请您抓住这个机会，让那些陷害于谦的小人受到应有的惩罚！我们相信，正义一定会得到伸张的！

报社编辑 

（在李贤的努力下，徐有贞被充军，石亨被捕入狱而死，曹吉祥被灭族，于谦的冤案得以平反昭雪。）

两袖清风为黎民

于谦是明代著名的清官，深受百姓们的爱戴。

在于谦60岁寿辰那天，门口送礼的人摩肩接踵。于谦便叮嘱管家，所有寿礼一概不收。

由于于谦忠心为国，战功显赫，皇上派人送了玉猫金座钟来。可管家却根据于谦的叮嘱，将送礼的太监拦在门外。太监有些不爽，就写了张"劳苦功高德望重，日夜辛劳劲不松。今日皇上把礼送，拒礼门外情不通。"的字条，让管家拿去给于谦过目。

于谦见了字条，摇了摇头，提笔在下面加了四句："为国办事心应忠，做官最怕常贪功。辛劳本是分内事，拒礼为开廉洁风。"

太监没有办法，只好回去向皇上复命了。

不一会儿，和于谦一起做官的好友郑通也来送礼了，于谦听到消息，就传出这样四句话："你我为官皆刚正，两袖清风为黎民。寿日清茶促膝叙，胜于厚礼染俗尘。"

郑通听了，赶紧叫家人将礼物带回去，自己空着手进门，与于谦谈论其他事情。

于谦和郑通谈得正高兴，这时候，管家又进来通报，说有个叫"黎民"的，带来了一盆万年青，上边还用小纸片题了一首诗："万年青草情义长，长驻山涧心相关。百姓常盼草常青，永为黎民除贪官。"

于谦见到纸片后，亲自走出门去，他用双手接过那盆万年青，高声回了一首诗："一盆万年情义深，肝胆相照万民情。于某留作万年镜，为官当学万年青。"

名人有约

特约嘉宾：朱祁镇

身份：明英宗

大：大嘴记者　明：明英宗

大：皇上万岁！欢迎来到《名人有约》。

明：万岁我可不奢求，能活一百岁就不错了。

大：那以后将口号改为"皇上百岁"吧！（后悔失言）

明（笑）：没关系，能活到百岁也不错。

大：都说您平易近人，就连敌人也能成为您的朋友，看来这话一点儿都不假。

明：在蒙古狩猎（被俘虏的委婉说法）的时候，那些人对我也不错，我回大明的时候，也先的弟弟还送了我很远，只可惜后来再也没见过。

大：看来您确实是个好人啊！

明（黯然神伤）：可惜我不是一个好皇帝啊，大明江山差点儿就毁在我的手上。

大（咬牙切齿）：这都怪王振！

明：也不能全怪王先生，再怎么说，他都算是为国捐躯了，而我却还活着。

大：皇上，到现在您还替他说话？

明：作为皇帝，我确实对不起列祖列宗，对不起黎民百姓，所以我弟弟那么欺负我，我也忍了。

名人有约

大：说实话，要不是您弟弟力挽狂澜，您能不能活着回来都是问题，更别说再当皇帝了。

明：我并不想再当皇帝的，实在是他（指代宗）做得太过分了！一点儿都不念兄弟情谊，居然把我软禁了七年！

大（吃惊）：真是不敢想象。这七年，您是怎么挺过来的呢？

明：我说了你也不会明白的，你过过天天饿着肚子，时刻担心被人暗杀的日子吗？

大（摇头）：没有。

明：他逼得我实在无路可退了。是他让我明白，在这个世上，失败者是没有活路的。

大：所以您很感谢徐有贞帮您抢回了皇位，就把于谦大人给杀了？

明：惭愧！一开始我还真的以为是他们帮我抢回皇位的。后来李贤点化了我，我才明白，我弟弟的儿子死了，就算我不复位，这天下不是我的，也是我儿子的。

大：您现在明白有什么用呢？人死还能复生吗？当我听说于大人被杀的时候，我恨不得把那些害他的人千刀万剐！

明：都是我的错，我让徐有贞那帮投机分子钻了空子啊！

大：皇上您怎么老是被一些小人利用呢？您自己不会看吗？听说于谦大人家里除了皇家给的一些赏赐，空荡荡的，而那些小人个个有豪宅，谁忠谁奸，不是一眼就可以分辨的吗？

明：唉，我不是一个好皇帝啊！

大（不耐烦地）：好了，这期访谈就到这里，下次再见！

广 告 铺

商人须知

　　为鼓励商业发展，现特地为商人设置"商籍"。有了"商籍"，从今以后，商人子弟不仅可以参加科举考试，还可以保留录用名额。也就是说，他们将会比一般平民更容易被录取。

　　除考试外，商人如果想做官，还可以"捐纳"，也就是向政府缴纳钱财，之后就可以成为最高学府——国子监的学生，然后就可以吃国家俸禄了。

　　这些年来，朝廷忙于同瓦剌部交战，国库损耗巨大，急需补充，欢迎天下商人积极捐纳，可以纳马、纳粟、纳银，表现优秀者重重有赏。

全国各衙门

关于废除殉葬的通知

　　殉葬是指人死后，用器物、牲畜或活人陪同死者下葬。

　　从古代起，用活人陪葬便是我国丧葬常有的习俗。陪葬者有死者的妻妾、侍仆等。不过现在，明英宗以他的仁爱之心，结束了这种残酷的殉葬制度。

　　我们相信，将来会有千千万万的人因此而获救！

大明礼部

智者为王

智者第❷关

1. 仁宗、宣宗统治时期，国泰民安、政权稳定，因此被称为什么？
2. 明朝的"蟋蟀天子"指的是谁？
3. 因肥胖而差点儿丢掉皇位的明朝皇帝是谁？
4. 明代时的安南国指的是哪个国家？
5. 明成祖死后，谁举起"清君侧"的大旗发动叛乱？
6. 宣德炉是用什么材料制作而成的？
7. 明英宗刚即位时，辅佐他的三位杨姓大臣是谁？
8. 于谦与岳飞、张煌言并称什么？
9. "两袖清风"这成语最初是用来形容谁的？
10. 英宗被俘后，于谦拥立谁为皇帝？
11. 文学家瞿佑的代表作是什么？
12. "粉身碎骨浑不怕"的下句是什么？
13. "少保"这一官职，具体是做什么的？
14. 吴门画派的创始人是谁？
15. "土木堡之变"后建议南迁的徐珵和"夺门之变"中的徐有贞是同一人吗？
16. 明英宗重返京城后，被弟弟代宗监禁在什么地方？
17. 废除活人殉葬恶俗的明朝皇帝是谁？
18. 谁将建文帝的次子关押了55年？
19. "夺门之变"后，被英宗冤杀的最著名的明朝大功臣是谁？
20. 明英宗时期的特务机构有哪些？
21. 明朝公主为何都下嫁给普通百姓？
22. "监生"是什么意思？
23. 明英宗为何给死去的景泰帝朱祁钰赐谥号为"戾"？这个"戾"字是什么意思？

智者无敌　王者为大

第 7 期

〖1464年—1505年〗

宦官乱朝，孝宗中兴

穿越必读

"土木堡之变"后，明王朝开始走下坡路，宦官的权力越来越大。其中最嚣张的角色是明宪宗时期的汪直和梁芳。他们一个爱权，一个爱钱，将朝廷搞得乌烟瘴气，一塌糊涂。

万贵妃与宪宗相继去世后，明孝宗朱祐樘着手改革弊政。在他的努力下，天下太平，国力强盛，呈现出一派安定祥和的气氛，这段时期被称为"弘治中兴"。

"万姑姑"挨打,吴皇后被废
——来自北京的加密快报

来自北京的加密快报!

1464年七月,人们为朱见深(即明宪宗)大婚欢欣鼓舞,可不到一个月的时间,年轻貌美的吴皇后就被朱见深废掉了!

据朱见深本人说,吴皇后举止轻浮,不守礼法。而大臣们却透露,实际是吴皇后得罪了宪宗宠爱的"万姑姑"。

那么,真正的原因是什么呢?这"万姑姑"又是什么人,居然如此厉害?

经过一番秘密追踪调查,我们得知,这个"万姑姑"以前是后宫的一名宫女,4岁就被选入宫中,19岁时被派去服侍朱见深,当时朱见深才两岁。在朱见深人生中最黑暗的时候,"万姑姑"始终不离不弃,守护着他。

因此朱见深当了皇帝后,"万姑姑"就成了万贵妃。仗着有皇帝撑腰,万贵妃在宫中横行霸道。新来的吴皇后看不惯万贵妃的所作所为,便以后宫之主的身份,打了万贵妃一顿板子。朱见深一恼,马上就把吴皇后给废了,大臣怎么求情都不管用。

这样一来,大家都知道了,这个大皇帝17岁的女人虽然不是皇后,却是后宫真正的主人,谁都不敢招惹她。

西厂被废,全城欢庆

1476年,为了讨皇帝欢心,宦官们找了一位叫李子龙的人进宫表演一些奇技。哪知这个人行动诡秘,经常潜入皇宫附近的万寿山,观察地形,好像要图谋不轨。锦衣卫发现后,立即将他捉拿归案。

这件事让明宪宗大为震惊,他觉得自己知道的事情太少了。而要知道外面的事情,光靠一个东厂远远不够,于是让太监汪直选了一些锦衣卫,秘密出宫侦察。

这个汪直原本是万贵妃身边的小太监,为人狡黠,懂得见风使舵,因此很讨万贵妃和宪宗的欢心。

得到这个机会,汪直立刻到处捕风捉影,给宪宗提供了不少"秘密情报"。宪宗很满意,于是在1477年下令建立一个特务机构——西厂。

这个机构的人数比东厂要多一倍,职权也大大超越了东厂和锦衣卫,不但可以随意逮捕、殴打朝中大臣,而且事先不用向皇上汇报。对一般百姓,就更不客气了。

本来西厂只是为皇帝刺探消息,可汪直为了升官发财,拼命制造大案、重案。明明一件鸡毛蒜皮的小事,比如这人踩了那人一

天下风云

脚，或者某人的腰带丢了，汪直得知情况后，就会故意把事情搞大，甚至会将围观的人牵扯进来。

因此，西厂才成立5个月，就弄得朝野上下乱作一团。

终于，大学士商辂（lù）第一个站出来向朱见深上书，要求废除西厂，上面写道："不罢免汪直，天下迟早大乱！"

其他大臣也纷纷上书，将汪直的罪行一一揭发出来。朱见深只好下旨废掉西厂。

对于西厂被废一事，无论为官的，还是普通百姓，都非常开心。

好耶！

废了！呵呵！

太好了！

好，废了！呵呵！

太监得势,朝中一塌糊涂

令人意料不到的是,西厂关闭了,宪宗却又觉得没有安全感,一个月之后,又恢复了西厂。

汪直复出后,更加严酷地办案,并将反对自己的朝臣商辂、项忠等一一剪除,一时之间,他的爪牙遍布全国,他的权势达到顶点。

凡是汪直经过的地方,官员必须热情地迎接,一旦接待不周,他就随意用鞭子抽打和呵斥官员。

有一回,汪直将西海女真人朝贡的使者杀死,却还大言不惭地对皇上说:"我为大明除去了这些扰乱国家安宁的贼人,您该怎么封赏我呢?"

宪宗信以为真,就重赏了他。实际上,汪直这样做,马上引来了西海人的报复,害死了许多无辜的百姓。

除了汪直以外,依靠万贵妃起家的,还有个叫梁芳的宦官。梁芳十分爱财,常与他的党羽们趁出宫采办时,大肆搜刮财物,并每天都给万贵妃献上一些奇珍异宝,颇得万贵妃欢心。据说内库中前几朝积蓄下来的七

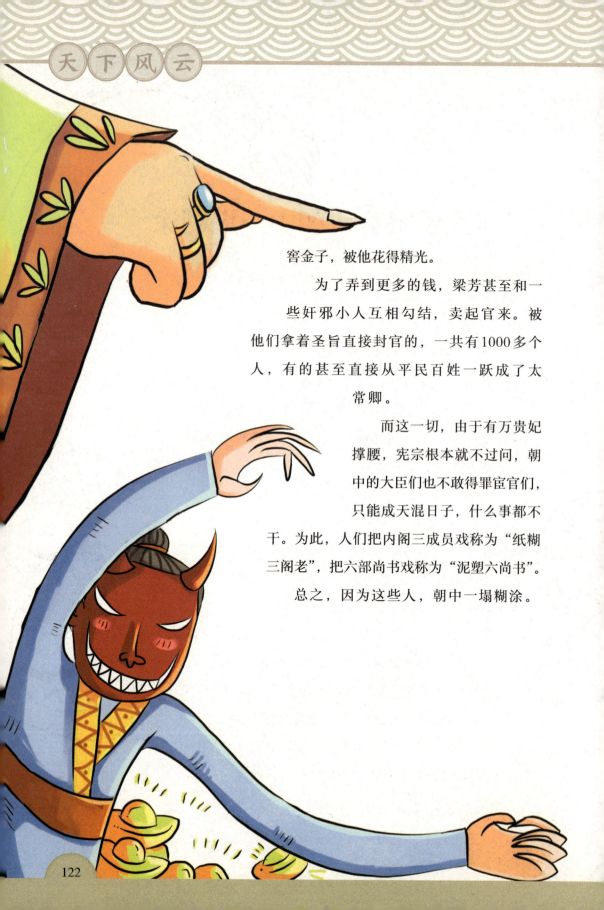

窖金子,被他花得精光。

为了弄到更多的钱,梁芳甚至和一些奸邪小人互相勾结,卖起官来。被他们拿着圣旨直接封官的,一共有1000多个人,有的甚至直接从平民百姓一跃成了太常卿。

而这一切,由于有万贵妃撑腰,宪宗根本就不过问,朝中的大臣们也不敢得罪宦官们,只能成天混日子,什么事都不干。为此,人们把内阁三成员戏称为"纸糊三阁老",把六部尚书戏称为"泥塑六尚书"。总之,因为这些人,朝中一塌糊涂。

百姓茶馆

账房杨先生：这什么世道啊，皇上找了比自己大17岁的女人做贵妃，太监也纷纷跑出来作怪，西厂把整个京城搞得鸡犬不宁，唉，这日子还怎么过呀？

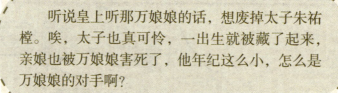
裁缝店老板王实在：听说皇上听那万娘娘的话，想废掉太子朱祐樘。唉，太子也真可怜，一出生就被藏了起来，亲娘也被万娘娘害死了，他年纪这么小，怎么是万娘娘的对手啊？

茶叶商人吴老板：好消息啊，特大好消息！西厂已经被皇上撤掉了，那太监汪直也被贬到外地去了。现在，咱再也不用像以前那样紧张兮兮了，一个字：爽！不过，便宜了这太监，让他捡了条小命！

世人只认汪公公

编辑老师：

　　你们好！你们辛苦了！

　　前几天，有个戏班子来宫里唱戏。有个戏子扮成醉鬼，大骂朝廷官员。有人警告他："你可不要乱说啊，李阁老来了，朱将军也来了。"他什么都不理，照旧骂骂咧咧。

　　直到有人大喊："快别唱了，汪公公来了！"

　　戏子马上战战兢兢跪倒在地，叫道："汪公公饶命！在这个世上，我只知道有汪公公您，别的哪个都不怕啊！"

　　原来，大臣们上奏的都是真的，老百姓还真的只认识汪直，不认识皇帝。要是再不治治他，恐怕他就要骑到我脖子上去了。但事已至此，我怎样才能扭转乾坤呢？

朱见深

陛下：

　　您好！不瞒您说，关于汪直的事情，我们早有耳闻，这人在宫里胡作非为已不是一天两天。您现在才知道，还真让我们感到惊讶。

　　其实，如果您仔细观察，就不难发现，汪直每次出宫，都是大模大样地坐着马车，被一群人前呼后拥着。百姓们不知道的，还以为是皇上微服出访来了呢！

　　他的势力现在相当庞大，您应当保持冷静，积储力量，同时采取一些措施，比如将汪直长期派出宫办事，或者把他手底下的爪牙抽走，这样就可以削弱他的实力，把他赶走。具体怎么做，您看着办吧。

报社编辑

　　（后来，宪宗先以泄露宫内秘闻为名，把汪直抓了起来，然后慢慢调走他手下的人，最后把他贬到南京去了。）

天下三贤相

1487年,万娘娘病逝。不久,明宪宗也去世了。17岁的朱祐樘(即明孝宗)即位。

据大臣们透露,朱祐樘对臣下特别宽厚仁慈,就像对待自己的亲人一样。

每天上早朝的时候,他总是穿戴整齐在奉天门前等待;官员奏本中偶尔出现几个错别字,孝宗也只是悄悄改正,从不指责;有些新任官员不懂礼仪,孝宗不仅不责怪,还和颜悦色地宽慰对方。

有一年冬天的晚上,孝宗坐在宫内,觉得天气寒冷,就问身边的内臣:"现在官员有在外办事,或者在回家路上的吗?"

内臣想了一想,回答:"有。"

"北风如此凛冽,天都黑了,那些官员没有灯笼,怎么回家呢?"

于是,朱祐樘传下圣旨,令今后在京官员有夜还者,不论

职位高低，一律由专人提灯迎送。

更让人称道的是，这位皇帝对于之前一直迫害他的万贵妃，并没有追究，表现了极大的宽容。人们不禁对这个年轻的皇帝刮目相看。

当然，朱祐樘也是一个有理想的人。他一即位，就逮捕了梁芳等宦官，将那些混日子的官员一律撤换，并罢免了以万安为首的"纸糊三阁老"，同时让三位名臣李东阳、刘健、谢迁进入了内阁。

其中，李东阳性格温和，足智多谋；刘健为人刚直，善于判断；谢迁饱读诗书，能说会道。人们把他们称为"李公谋、刘公断、谢公尤侃侃"。

在他们的共同努力下，天下太平，国力强盛，明朝呈现出一派安定祥和的气氛（史称"弘治中兴"）。

当祝枝山遇上吝啬财主

有一次,有个财主从唐寅(唐伯虎)那里买了一幅画。画中画了一个凉亭,亭中有一对夫妻在饮酒,亭子四周是随风飘拂的杨柳,杨柳外的河边还停着一只船,表现的是妻子送丈夫远行的情景。画面很美,但财主觉得少了点儿什么,就想请祝枝山题个诗词。

祝枝山(祝允明,号枝山)见是唐伯虎的手笔,便开出一百两银子的高价作为润笔费。谁知这财主是个吝啬鬼,只肯出五十两。

祝枝山坏笑一声,说:"五十两也行,但一分钱一分货,五十两的诗,自然没有一百两的好。"

随后,祝枝山拿起笔,在画上写了四句:"东边一棵柳树,西边一棵柳树,南边一棵柳树,北边一棵柳树。"

财主一看,急了:"停停停,你这算什么诗啊?可别把我的画搞坏了。"

祝枝山赶忙笑着答道:"你出的价钱低,哪有好诗呢?"

"那好吧,我出一百两,你给我改好,行不

行?"财主叹了口气,说道。

"嗯!"祝枝山答应一声,接着写:"任凭那东西南北,千丝万缕,总系不得郎舟住。这边啼鹧鸪(zhè gū),那边唤杜宇,一声声行不得也哥哥,一声声不如归去。"

有了后面这几句,一首紧扣图景、体现夫妻难舍难分的诗跃然纸上。

这样一来,吝啬财主也无话可说,只得给祝枝山一百两银子作润笔费了。

名人有约

身份：画家、诗人

大：大嘴记者　**唐**：唐伯虎

大：您好！欢迎我们的大才子光临《名人有约》。

唐（满口的酒气）：原来我也是名人呀？这事儿我自己怎么一点儿也不知道呢？

大：没关系，您现在不就知道了么？

唐：当名人有酒喝没？

大：有有有，等采访完了，咱们一醉方休。

唐：一言为定！那赶紧开始吧！

大：大家都叫您唐伯虎，"伯虎"这名字是怎么来的呀？

唐：因为我是长子，而寅属虎，所以我又叫"伯虎"（在古代，人们常常用"伯、仲、叔、季"来表示兄弟的长幼次序）。

大：好的，这事儿终于弄明白了！

唐：那就接着问不明白的吧！

大：不明白的多着呢！听说您参加应天府公试得了第一名，为什么又没去做官呢？

唐：我当时的确考了个"解元"，可后来去京城会试的时候，因为同室有考生作弊，把我也抓进了牢房，打了五十大板。释放后，我就再也不想去考什么官了。

名人有约

大：那真是可惜啊，您这满肚子的才华没处使啊！

唐：其实没什么好可惜的，我现在不是过得很潇洒吗？酒壶里装着满满一壶酒，走到哪儿，喝到哪儿，这日子多快活啊！

大（点头如捣蒜）：说得也是。那过去的事我们就不再提了。谈谈你们四大才子之间的事吧！老实说，您觉得你们中间谁更有才呢？

唐：才华这个东西吧，很难比较的。比如说，在绘画上面，我更有才；但在书法上面，祝兄就要厉害些。

大：还有个叫文征明的，他擅长哪方面呢？

唐：他和我们一样，也是能诗能画。唉，他也跟我一样倒霉啊！考了十次科举都没考上。

大：那周文宾呢？

唐：周文宾？没听说过呀！记者你是不是搞错了？

大：不会吧！

唐：你说的是徐祯卿吧？他是个文学家，但不懂绘画，而且性格也和我们不一样，所以我们和他没有太多联系。

大（嘀咕）：我只想知道周文宾呢！

唐：你说的周文宾这个人，其实是子虚乌有的，可能是大家觉得徐兄长相对不起观众，才编了个相貌英俊的周文宾出来吧。

大（蔫了）：原来如此！看来我之前被骗了！

唐：算了，我不跟你喝酒了。我得去找我的秋香了。诸位小弟小妹、大哥大姐、大叔大妈，告辞！（话音未落，人已走远）

广告铺

没收田庄，兴建皇庄

宦官曹吉祥造反被斩，其在顺义的庄园及田地全部被没收，由皇室委派太监进行管理和经营，每年收入的皇庄子粒银，由皇室自行分配，其他部门不得干涉。另有少量原属国有的山庄，分别赐给太子、太后及妃嫔。

皇庄是王者之地，建在哪里，是当地百姓的荣耀。希望大家积极配合，不得随意离乡。

大明皇室

最新福利政策

凡年龄达到80岁以上者，由朝廷赐予爵位，并提供养老金；百姓死后，无钱无地安葬的，皆有公墓埋葬，墓碑钱、棺材钱由国家全包。另外，但凡遭遇水灾、旱灾和流亡的百姓，国家均给田15亩，同时赐予牛和农具。特此布告周知。

全国各衙门

当东当西，请到汪记当铺

如果您急着用钱，却一时没有现金，您可以将值钱物品拿到我们当铺来换取现金，待有钱时再来赎回，本店仅收取利息一分。期满不赎的物品，将由我们当铺变卖。

民办当铺，为民着想。如果您有需要，我们将竭诚为您服务！

安徽汪记当铺

第 8 期

〚1505 年—1521 年〛

不靠谱皇帝朱厚照

明武宗朱厚照是明朝最有个性的皇帝。在刘瑾等太监的唆使下,他任性贪玩,爱好打仗,不愿意被大臣们牵着鼻子走,以致荒废了政事。这时,宁王朱宸(chén)濠(háo)趁机扯旗造反,幸好被王守仁率军平息了。

穿越必读

烽火快报

有个性的新皇帝
——来自北京的加密快报

说起新上台的朱厚照(即明武宗),没有一个不摇头叹息的!

刚一上台,他就利用天子的权力,废除了尚寝官等内官,以免他们在身边管这管那的。后来早朝也不上了,甚至让人在宫内模仿民间街市,修建了许多店铺,让宫里的太监和宫女扮成老板或百姓,和自己一起做"买卖"。

来自北京的加密快报!

有了这么个怪皇帝,大臣们急坏了,一个个前去进谏,甚至以辞官相逼。但不管臣子说什么,朱厚照都会响亮地答一声:"好!"可一转头,依然我行我素。

为了躲开大臣们的"禁锢",前段时间,他离开了金碧辉煌的紫禁城,另外营建了两个宫殿——豹房和镇国府,甚至将镇国府称作自己的"家"。为了显示自己"家"人丁兴旺,他收了100多个义子,还赐了朱姓。

更可笑的是,他还自封为"总督军务威武大将军总兵官",还为自己更名为朱寿,令兵部给自己这个将军发工资。好好的皇帝不当,偏偏自降身份当大臣,这样的事,真是令人瞠目结舌啊!

听说,对这个怪皇帝,大臣们一看管不了,就不管他了。看来接下来,我们大明不热闹也不行啊!

北京城有两个皇帝

在朱厚照的身边，有八个太监，号称"八虎"（亦称作"八党"），为首的叫刘瑾。他们每天陪朱厚照打球骑马，放鹰猎兔，并倚仗皇帝的宠信，在外面横行霸道，为非作歹。

起初，大臣们看不下去，联名上书，要求除掉"八虎"。刘瑾知道这个消息后，和其他七虎，跪倒在武宗面前，一把鼻涕一把泪地哭诉。

朱厚照哪舍得杀了自己的玩伴，不但赦免了他们，而且把刘瑾升为司礼监，把他的同党提拔为东厂、西厂提督。

刘瑾对那些大臣恨之入骨，大权独揽后，就诬陷他们是"奸党"，将他们排挤出朝廷，最后内阁三人只有李东阳留了下来。

同时，他每天想方设法鼓动朱厚照玩乐。每当朱厚照玩得正起劲的时候，他就拿来很多奏章给朱厚照批阅。

朱厚照当然不耐烦了，手一挥，说："这种小事还要我干？那要你们做什么？"

刘瑾大字不识几个，就把奏章带回家，让亲戚和同党一起处理。而大

天下风云

臣们奏事时，要写两份，一份给刘瑾，一份给皇上。

于是，大家都说："朝中出了两个皇帝，一个朱皇帝，一个刘皇帝；一个坐皇帝，一个立皇帝。"

为了扩大自己的权势，刘瑾别出心裁，建立了一个新的特务组织——"内行厂"，权力在锦衣卫和东厂之上。凡是骂过他的，跟他作过对的，都会遭到他的迫害。

更可笑的是，刘瑾还制定了一条不成文的规定：所有官员进出北京城，必须给他送礼，少的要白银千两，多的达五千两。给的钱越多，升的官职越高。如果不给钱，后果就很严重了。听说有个官员因为没钱送礼，就上吊自杀了。

没办法，为了保住自己的命，有的官员向富人去借贷，回到地方后再偿还。而这些钱财，当然是由老百姓来承担的。

渐渐地，刘公公的名声越来越臭了。

被奸党诬陷怎么办

编辑老师：

　　你们好！

　　说起来，我也是四朝元老了。眼看朱厚照被宦官刘瑾诱惑，整天就知道玩，我却无计可施，于是只好向皇上请求退休。没想到，皇上还真批准了。

　　本来我眼不见心不烦，可万万没想到的是，刘瑾竟然诬陷我和另外53个大臣，说我们是奸党，还把我列在第一位！

　　唉，我这把老骨头保不住不要紧，就怕皇帝一直听信奸臣谗言，我们大明的江山恐怕要保不住了啊！

刘健

刘大人：

　　您好！我们早就听说过您的名号了。您先后辅佐过四位皇帝，一直忠于职守、呕心沥血，真是一位难得的贤臣。

　　对于刘瑾，他坏事做尽，每天写信到我们编辑部来骂他的人多如牛毛，就连"八虎"也有人对他不满。

　　您放心，身正不怕影子斜，刘瑾诬陷您是奸党，没有任何证据。皇上虽然贪玩，但也是个明白人，不会听他信口雌黄的。

　　再说，朝中还有那么多像您一样的忠臣，他们会想办法阻止刘瑾胡来的。希望有朝一日，您还能继续回到京城，为百姓谋福利！

报社编辑 

（公元1510年，宦官刘瑾被处死，刘健也得以官复原职。）

杨一清智诛刘瑾

"看你往哪跑！"

1510年，宁夏安化王以清除刘瑾为名，起兵反叛。刘瑾生怕被皇帝知道了这事，立刻派杨一清与太监张永领兵前去镇压。

杨一清原本是镇守陕西的军事统帅，他为人正直，行军打仗很有一套，但由于不愿依附刘瑾，被刘瑾关过大牢，在李东阳的营救下才出了狱。

叛乱平定后，当他发现张永也是"八虎"之一，但一直对刘瑾不满时，就有意接近张永。

在回京的路上，他把所有犯人交给张永去领赏，说："这次有您的帮忙，顺利平定了这次叛乱，是一件值得高兴的事。但平定外部的藩王容易，内乱却难以解决啊！"

张永问："内乱是什么？"

杨一清在张永的手上写了一个"瑾"字。张永一看，有点儿为难地说："这个人天天在皇帝身边，耳目众多，很难对付啊！"

杨一清说："别人也许做不到，但你一定能做到。你也是皇上信赖的人，这次立了大功，皇上一定会召见你。你把这次安化王造反的理由告诉皇上，皇上一定会杀了刘瑾。到时你会更受重用，而且会流芳百世。"

张永心一动,又问:"那万一办不成呢?"

杨一清说:"别人的话,皇上不会信,但你说的话,皇上一定信!如果不信,你就以死相谏,表明你说的不是假话,皇上一定会被你打动的!"

经杨一清这么一说,张永胆子立刻大了几分。一回到北京,就连夜揭发刘瑾谋反。

朱厚照得知真相后大吃一惊,立刻派张永带人前去捉拿刘瑾。刘瑾毫无防范,正在睡大觉呢,刚起身就被抓了起来。

第二天,朱厚照亲自出马,抄了刘瑾的家,结果抄出了黄金二十四万锭,白银五百多万两,奇珍异宝更是不计其数;甚至还抄出了一枚私刻的玉玺,以及上千副盔甲弓箭等违禁物。而在刘瑾平时用的折扇里面,竟然还藏着两把锋利的匕首。

"狗奴才,你果真要造反啊!"朱厚照大怒,立刻下令将刘瑾凌迟(也就是千刀万剐)处死,行刑三天。

应州大捷

1518年十月，蒙古鞑靼（Dá dá）小王子率五万人一路打一路杀，打到了山西应州。这个小王子非常厉害，明朝的大将们被他打怕了，都不敢迎战。

这时，武宗朱厚照正好在关外游玩（偷偷溜出来的），听到这个消息，兴奋不已，立即跑去钦点军队，准备同小王子大干一场。

别看他平常像个混世魔王，但他的作战计划布置得还真是有模有样。他先派出少量人马，前去引蛇出洞，随后再像"添油"一样不断增加兵力，牵制敌军。

这场战争打得十分激烈，打了一天一夜。在对方攻击下，明军被分割包围，差点儿成为瓮中之鳖。

危急之下，朱厚照一改往日嬉笑模样，亲率大军前去援救，全体将士深受鼓舞，没多久就杀出一条血路，冲出了敌人的包围圈。

随后，明军的救援部队越来越多，小王子见势不妙，便调头逃跑了。这次大战，明军取得了最后的胜利。

据报道，朱厚照在这次战争中，还亲手杀死了一个蒙古兵。

很多人都认为他在吹牛。但不管是不是真的，想当年，明英宗率50万大军，却在"土木堡之变"中成为蒙古军的俘虏，而这一次，朱厚照仅率五六万人，就打败了五万蒙古军。看来朱厚照不只是一个贪玩的皇帝，还是一个勇敢的皇帝！

后来，蒙古在很长时间内，都不敢侵犯明朝，朱厚照功不可没。

"大明军神"平宁王之乱

1517年，江西涌出大批土匪，他们四处作乱，弄得人心惶惶，还吓跑了好几任巡抚。兵部尚书王琼向朝廷举荐王守仁（又叫王阳明）做赣（gàn）南巡抚，前去平乱。

王守仁到达江西后，积极平乱，却惊讶地发现身边出现了内奸，居然有官员做这帮土匪的卧底。难怪这些土匪平不定，原来是在官场有靠山，而最大的靠山却是封在南昌的宁王朱宸濠（chén háo）！

可藩王有吃有喝的，为什么要跟这帮土匪山贼勾结起来呢，莫非是想造反当皇帝？

1519年，宁王朱宸濠果真以武宗朱厚照荒淫无道为由，在江西南昌造起反来。老百姓听说要打仗，哭的哭，逃的逃，官员们也纷纷准备逃跑，一时间乱成了一锅粥。

王守仁看到这种情况，急忙和吉安知府伍文定等人联合起来，准备平乱。

值得一提的是，尽管宁王的手下不是地痞、流氓，就是抢劫犯，但好歹也有10万人。而王守仁手上却连1万人都没有。这时，如果宁王向南京发起进攻，大明江山就会丢掉一半。

为了拖住敌人，王守仁一边等待各地援军，一边派人潜入宁王驻地，到处张贴布告，说朝廷已派16万重兵前来镇压叛乱，希望叛军做好准备。

宁王果然上当，一连十几天都不敢发兵。

王守仁趁机招兵买马，不管是老的、少的、病的、弱的，全部召集起来，组成了一支8万人的军队（对外宣称30万）。

宁王发现上当后，火速向南京进发，一天时间就攻占了九江，然后乘船沿长江而下，将兵家要地——安庆包围起来。

情况非常危急，要是安庆被攻下，南京就保不住了。

王守仁立即召开了一次军事会议。大家一致认为，应该前往安庆。

王守仁说："不对，应该进攻南昌。南昌在安庆的上游。如果我们越过南昌援救安庆，就会腹背受敌。现在南昌兵力空虚，我军定可一举攻破。南昌失守，宁王就会回师救援，这时，我们在鄱阳湖迎击他，定杀他个落花流水！"

出乎意料的是，由于之前的宣传工作做得实在太到位，南昌城内人心惶惶，居然不战而降，攻城还没开始呢，城门就已经打开了！

宁王听说老窝被端了，果然回师救援。王守仁兵分五路，一路设下埋伏。宁王大军被截成几部分，中了好几个圈套，死伤无数。

最后，宁王被逼得退到鄱阳湖的樵（qiáo）舍，将大船用铁索连了起来。这一举动让你想到了什么呢？没错，就是著名的赤壁之战！

而王守仁也参照这个战术，趁宁王不备，用小船装满稻草，悄悄地驶向宁王的大船。只听"轰"的一声，火光冲天而起，叛军中传来一阵又一阵惊呼，王守仁下令进攻，叛军吓得纷纷跳水。

宁王换了只小船，仓皇逃命。王守仁乘胜追击，一举将宁王擒获。自此，宁王之乱被平定，王守仁也因此获得了"大明军神"的美称。

百姓茶馆

村长于大富

朱宸濠为了造反准备了十年，却被王大人花了35天平定了。朱宸濠这人啊，真是太不自量力了。他以为人人都能像他的祖宗朱棣那样，造反成功啊！我们王大人可是千年难遇的文武全才啊，上下五千年，连孔老夫子也要逊他一筹呢！

降兵甲

朱宸濠打仗的时候，拿出了一大堆金银财宝，引诱我们为他卖命，说什么负伤者，赏百金；带头冲锋者，赏千金。结果听说王大人更厉害，下令谁要是后退，就斩！结果……命当然比金银珠宝值钱啦！

朱老先生

天作孽，犹可活；自作孽，不可活！这宁王为了皇位，害死那么多人，活该！应该把他像处死刘瑾一样，凌迟！不过，估计皇上不会这么狠心！

王家仆人

朱厚照也太能胡闹了吧？叛乱都已经平定了，他还要和宁王打一仗，王大人没办法，只好假装把宁王放了，让皇帝亲自去抓。唉！一个做皇帝的居然要和大臣抢功，真让人无语！

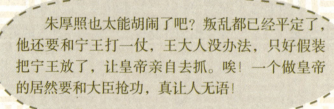

诗人出手，威震京城军官

自从平定叛乱后，一代军神王守仁成了老百姓的偶像。不过，大家很少知道的是，王守仁出身于书香门第，父亲王华在他10岁的时候，中了状元，就带他去了北京。

王守仁从小就十分聪明，不仅喜欢舞刀弄枪，还喜欢读四书五经之外的其他书籍。老先生很喜欢他，却又常常被他一些莫名其妙的问题难倒。

王守仁曾经写过这样一首诗：

山近月远觉月小，便道此山大于月。

若人有眼大如天，当见山高月更阔。

在先生们看来，这就是一首普通的打油诗。但12岁的王守仁却因为这首诗出了名。

长大之后，王守仁不但能文，而且能武，骑、射、兵法样样精通。人人都知道他是博学之士。考取进士之后，他在兵部当了个主事。

太监张忠看不起他，觉得他是个文人，却当了个武官，就总想找机会出他的丑。

有一次，张忠把王守仁请来看京军训练。王守仁刚要坐下，张忠便拿了一把弓过来，让王守仁当众射箭。

王守仁推托不过，在众将士轻蔑的眼神中，只好提起弓箭，只见"唰唰唰"三箭，全中红心。

全军一片静寂之后，一阵欢呼，谁也没想到，眼前瘦得跟竹竿似的王大人还会这一手。从此，张忠再也不敢跟他作对了。

八卦驿站

大白天打灯笼

李梦阳是我国著名的文学家，他天资聪颖，才思敏捷，十五六岁时，就已经是出口成章的大才子了。

在他19岁那年，陕西省举行乡试，全省的秀才都赶来参加考试。因为一直跟随在做官的父亲身边，李梦阳亲眼目睹了官场的黑暗，对官员鱼肉百姓的情况愤愤不平，所以想借这个机会发泄一下。

应试那天早晨，李梦阳打着一盏灯笼，准备进考场。守门的官吏和其他秀才看了，莫名其妙地问道："大白天的，你怎么还打着个灯笼呢？"

这个世界太黑暗！

李梦阳一本正经地说："现在太黑暗了，我怕遭人暗算啊！"

秀才们听了这个说法，心领神会，偷笑不已。考官们知道自己被骂了，心中有气，又不便发作，于是想暗地里整整他，杀杀他的锐气。但试卷是密封的，阅卷时根本看不到考生的姓名。

等到乡试结果一出来，李梦阳竟中了第一名——解元。

一时间，李梦阳的文章有洛阳纸贵的势头，人们竞相传抄。就连那些被整的官员，也对他刮目相看了。

名人有约

大嘴记者

特约嘉宾：朱厚照

身份：明武宗

大：大嘴记者　明：明武宗

大：皇上，欢迎您来到《名人有约》。
明：别叫我皇上，叫我朱大将军吧！

大：哦，朱大将军。听说您从小就喜欢骑马射箭，是吗？
明：没错！因为我想像老祖宗一样，把敌人打得屁滚尿流的，那才过瘾呢！哈哈哈！

大：这些年，蒙古小王子侵犯边境，安化王造反，宁王造反，您过足瘾没？
明：没有！所以宁王一造反，我高兴坏了，带了十万大军，准备亲自去收拾他呢。唉！被王守仁这家伙坏了好事。

大：王大人为您打了胜仗，一没用您的钱，二没用您的兵，您还反倒怪起他来了？
明：我也不是怪他，就是错过了这个机会，觉得怪可惜的。而且我当时设计了一条十分经典的旅游兼作战路线，结果叛乱平息了，王守仁叫我别去了，仗也打不成了，玩也玩不成了，你说扫兴不扫兴？

大：这也是为皇上的子民着想啊！十万大军一路这么走下去，可不是一般的排场啊。最起码您得管他们一日三餐吧，没饭吃，他们肯定就会去抢啊！到时您管得了吗？
明：可我走了一半，仗也没打，总不能空手而归吧？

名人有约

大： 可王大人已经把朱宸濠抓了啊，没人可以打了啊！
明： 哈哈，大嘴你真笨，抓了难道不可以放回去吗？

大： ……谁给您出的馊主意啊，真是无聊得掉渣了！
明： 就是我那聪明绝顶的侍卫江彬啊。

大（咬牙切齿）： 就是这种人祸国殃民。
明： 这话不对，国家那么大，怎么是几个人就可以祸害得了的呢？

大： 那王守仁真把朱宸濠给放了？我不信！
明： 你还真别不信，王守仁确实把朱宸濠带到南京来，让我过了一把活捉朱宸濠的瘾，哈哈！我也就不跟他计较了。

大： 皇上您要小心啊，最近江彬以您的名义，在外面强抢民女呢！
明： 随他吧，我懒得管，只要出了宫，我就自由得很，想干什么就干什么，哈哈！

大： ……那您现在最想干什么呢？
明： 现在？当然是钓鱼了。这一路的景色比京城美多了，我从来没见过这么多的水、这么多的鱼。现在钓鱼就是我最大的爱好，有机会我卖几条鱼给你。

大： 啊，卖鱼？还要我付钱啊？
明： 当然，这是我的劳动成果，收点儿费不应该吗？

大（抹了抹汗）： 想不到您这么缺钱，看来大明有点儿危险。
明： 我们大明经济这么繁荣，我怎么会缺钱呢？这不就是图个乐吗？

大： 这种乐子您还是少找一点儿吧，要是一不小心掉到水里……瞧我这乌鸦嘴，算了，不说了，这期采访到此结束吧！
明： 真没劲，还不如派个怪兽来采访我呢！

广告铺

禁猪令

由于本人姓"朱",又刚好生于猪年,为了避讳,即日起,禁止所有百姓养猪、卖猪、杀猪、吃猪肉。如有违抗者,将处以流放的刑罚,一家大小全部充军。

请大家尽快把猪处理掉,三日之后,本将军不要再看到猪的影子!

威武大将军朱寿
(即朱厚照)

废除禁猪令

自禁猪令实施以来的三个月,百姓们不再养猪,朕深感欣慰。但如此一来,不仅活人吃不到鲜美的猪肉,就连祭祀仪式上也不得不用羊肉替代。

而礼部多次上奏说国家的正常祭典都要用牛、猪、羊"三牲",猪肉绝迹了,祭典无法进行,所以请求更改。因此,朕决定取消这道禁令。大家放心大胆地养猪吧!

全国各衙门

与民联手,共剿山贼

为发动人民群众,早日剿灭山贼,现仿照宋代的保甲制度,实行十家牌法,即:每十户人家编为一牌,每户门前放一个小牌,上面列出各户籍贯、姓名、年龄及行业,报给官府备用。每天由一家执牌挨家挨户查看民情,随时报官。如果遇有面目陌生的人,形迹可疑的事,须马上报官。隐匿不报者,十家连坐。

赣南巡抚王守仁

第 ❾ 期

〖1521年—1566年〗

毁誉参半的嘉靖帝

穿越必读 ▶

嘉靖帝在位45年，却有20多年没有上过朝。在他统治期间，奸臣严嵩（sōng）擅权17年，造成国库空虚，东南沿海倭（wō）患极为严重，各地农民起义此起彼伏，大明从此开始衰落。

血溅左顺门
——来自紫禁城的加密快报

公元1524年七月,锦衣卫对200多个大臣大打出手,左顺门血迹斑斑。而这一事件的主导者居然是嘉靖皇帝!

三年前,明武宗逝世后,没有留下儿子,就由堂弟朱厚熜(嘉靖帝明世宗)继承了皇位。没想到,朱厚熜竟要封自己死去的父亲为太上皇!

来自紫禁城的加密快报!

大臣们当然不干。根据祖制,新皇帝必须和先皇是一脉相承的,要过继给武宗当儿子。

可这样朱厚熜不干,认为现在我是皇帝,我父亲当然是太上皇。

这时半路杀出了一个叫张璁(cōng)的人,为了讨好皇帝,他特意写了篇文章,帮嘉靖帝追封父亲找了许多理由。

这下嘉靖可乐坏了,朝中立马分成了护礼派和议礼派。两个派别斗来斗去,争论不休。由于有朱厚熜的支持,议礼派渐渐占了上风。

护礼派看形势不妙,就组成了一支200多人的庞大队伍,集体跪在左顺门外,放声哭喊,怎么也赶不走。

"刚当上皇帝,你们就哭天抢地。真晦气!"嘉靖帝气坏了,干脆派锦衣卫将这些大臣都抓了起来,集体打了一顿板子,其中有16人被打死。

经过这次事件,嘉靖帝如愿以偿,总揽了内外一切大权。

骇人听闻的"宫女之变"

1542年,从宫中传出一个骇人听闻的消息,一群宫女竟然要用绳子勒死嘉靖!

原来,这些年来,嘉靖崇尚道教,特别迷恋丹药。他听信江湖术士的谗言,招了许多十三四岁的宫女,用来炼制长生不老药,并规定她们每天只许吃桑叶、喝露水,不许进食别的东西。

"咱们又不是蚕,这点儿桑叶和露水,叫人怎么活啊?"宫女们年纪都还小,又是长身体的时候,实在是忍无可忍。

在上百名宫女大病一场之后,以杨金英为首的十几个宫女决定联合起来,趁嘉靖帝熟睡的时候,用丝带将他勒死。

嘉靖的寝宫有9间暖阁,每个暖阁有27个床位,皇帝可以任选一张休息。这样一来,嘉靖睡在哪里,只有服侍他的宫女才知道。

然而,这些宫女从未杀过人,更别说刺杀皇帝,因此在慌张之中,竟然将丝带打成了死结,怎么也收不紧。

有个胆小的宫女见了,吓得拔足狂奔,偷偷跑去向皇后告了密。皇后带着侍卫将宫女们全部抓住处死,包括服侍嘉靖帝的妃子。

这就是震惊天下的"宫女之变"(史称"壬寅之变")。而嘉靖帝虽然大难不死,但也惊吓过度,再加上老想长生不老,从此再也不上朝了。

庚戌之变——大明的耻辱

这些年来，北面的蒙古逐渐强大，一开始，他们占据了河套地区，只是抢东西，明朝也没把他们当回事。

没想到，1550年，他们的首领俺答带领一万多骑兵，向山西大同发起了进攻。

大同总兵仇鸾（luán）不但不抵抗，反而用重金贿赂俺答，让他退兵。俺答收了钱，退了兵，转身却攻入了昌平，直抵嘉靖皇帝的眼皮底下。

仇鸾怕自己的事情败露，急忙带了两万多士兵赶到京城。嘉靖见他这么积极，非常感动，便把京城防务交给了他。

没办法，仇鸾只好硬着头皮，再次去找俺答谈判。没想到这一次，俺答狮子大开口，要求明朝向蒙古进贡。

仇鸾做不了主，就跑去向权臣严嵩请教，要不要发动反攻。

严嵩说："如果发动反攻，就有可能战败，如果在边疆战败，还能作假；但在京城失败了，皇上一定会给我们治罪。不如任这些饿贼抢去，他们抢完了、吃饱了，自然就会离去了。"

结果，蒙古兵在北京附近抢了整整八天，抢完了、吃饱了，带了一大堆战利品扬长而去，十几万明军却一箭未发。

事后，嘉靖一怒之下杀了兵部尚书，严嵩却丝毫未损。由于这事发生在庚戌年，所以又称"庚戌之变"。

严嵩父子权倾天下

大奸臣严嵩这个人并没有什么才能，但很懂得讨皇帝欢心。有一次嘉靖在祭天时，用荷叶做了几顶香叶冠，赐给了严嵩。严嵩不仅在上朝的时候戴上了，还在外面裹了层细纱。嘉靖十分满意。

嘉靖退居幕后以后，就把所有的朝政事务都交给了他。

之后，严嵩和他的儿子严世蕃一起，结党营私，贪赃枉法，巴结宦官，做尽了坏事。一些没骨气的大臣为了拍他马屁，甚至认他做干爹。当然，与严嵩父子作对而被他们整死的人不计其数，最有名的就是沈炼和杨继盛。

沈炼是锦衣卫中的一员，虽然是个特务，但为人正直，疾恶如仇。当时，沈炼的长官陆炳和严嵩父子很要好，常被他们请去家里喝酒。

可沈炼对大贪官严嵩恨之入骨，每次去他家，都十分不爽。庚戌之变后，他忍无可忍，列出严嵩十条罪状，请嘉靖为民除害。

这下子，沈炼成了严嵩的眼中钉。不久，他就被严嵩随便定了个罪，杀了；他的两个儿子也被活活打死了。

一个沈炼倒下去，另一个沈炼站了起来。1553年，杨继盛向嘉靖揭发了严嵩的十大罪状，并且用的是一种没人敢用的弹劾方式——死劾。结果被严嵩陷害，关进了大牢。

在狱中，他被处以一百廷杖（一种严厉的刑罚，不死也残废），被打得血肉模糊，当即昏死过去。

一位同朝官员不忍心，托人送去一副蛇胆，说："这东西可以止痛和解毒。"

谁知杨继盛摆摆手，说："我自己有胆，用不上这个！"

更令人震惊的是，当他的伤口开始变黑、腐烂时，他自己拿着一块破碎的瓷片，刮掉了腿上的死肉。

杨继盛的精神感动了同僚。三年后，大家纷纷上书，要求放人。但严嵩害怕放虎归山，会成了祸患，于是怂恿嘉靖把杨继盛给杀了。

临刑时，赶来为他送行的百姓人山人海，哭声震天。杨继盛神态安详地吟诵了一首绝命诗：

"浩气还太虚，丹心照万古。

生前未了事，留与后人补！"

杨继盛用他宝贵的生命和凛然浩气，向世人揭露了严嵩的丑恶面目。

海瑞智斗严嵩

为了扩大自己的势力,严嵩四处结交党羽。1556年,他见新任的进士郑旻(mín)是个难得的人才,想拉拢他,没想到遭到了拒绝。

郑旻如此"不识抬举",严嵩怀恨在心。正好这时有三个宫殿发生火灾,皇帝想重建。严嵩立即奏请嘉靖,将重建工程交给了郑旻。要知道,重建工程任务重、时间紧,办不好是要杀头的。

郑旻识破了严嵩的阴谋,抓紧时间完成了任务。嘉靖帝非常满意,还给郑旻升了官。严嵩的如意算盘泡了汤。

第二年,郑旻从河南雇了13条大船,装满青砖、红砖,准备回乡探亲,修建祖祠。

还没出发,就被嘉靖的圣旨给召了回去。原来严嵩向嘉靖告状,说郑旻装了满满13船金银财帛,全是贪污来的。郑旻当然不会承认。

海瑞是当时有名的清官,也是严嵩的死对头。他见两人相持不下,就上前奏道:"既然严太师认为船中尽装金银,郑大人又说自己没有贪污,双方何不打个赌?皇上现在就派人开舱查看,若是满舱财帛,就将郑旻砍了;若不是,就由国库和严太师各付一半金帛,来填满这些船舱,如何?"

大家都一致表示同意。督办人员来到江边,下令从中间的一条船开始查。众人走进船舱,看到的竟是满满一船青砖和红砖!这下子,严嵩的爪牙变得惊慌起来,接着又抽查了两船,照旧是砖头!

再查下去，国库就得付一笔巨大的银子，嘉靖帝立即下诏停止开舱，并将严嵩斥责了一顿。

正当嘉靖帝要下旨处理这件事的时候，郑旻忙奏道："我主英明，微臣能够洗脱罪名，已经心满意足了，怎敢再奢望那些金银呢？"

嘉靖连忙顺水推舟，让郑旻回家建祖祠去了。

1565年，一代名奸严嵩终于倒台了。他的儿子严世蕃以"通倭谋反"的罪名被告发，被抓进了大牢。

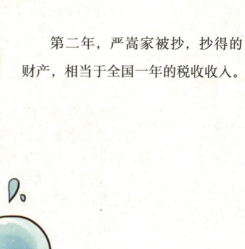

第二年，严嵩家被抄，抄得的财产，相当于全国一年的税收收入。

百姓茶馆

化斋的小和尚：唉,这个嘉靖真是走火入魔了!成天想着长生不老,得道成仙,什么事都信道士的,搞得现在满世界都是道士,我们和尚却连口斋都讨不到了。

街边卖豆腐脑儿的：小和尚别发牢骚了!这次要不是道士帮了点儿忙,让"神仙"点化了一下嘉靖,说严嵩是个奸臣,严嵩哪倒得这么快呢!

戏园李老板：要说这严世蕃死得还真有点儿冤,你说他是堂堂的内阁首辅之子,犯得着去勾结那些日本海盗吗?根本就不是一个档次的!

盐商邹老板：管他死得冤不冤,他死了,就没有人冤了!为什么严世蕃被处决的那天,去看的人特别多呢?因为这一天大家等待得太久了!这样的大恶人,早点儿死就好了,就不会有那么多忠臣被他害死了。就算冤他一百回也不为过!

海青天居然敢摸"老虎"屁股

编辑老师：

你们好！

自我入朝以来，就听人说，皇上（指嘉靖）成天迷恋修道炼丹，不理朝政。这让我非常震惊！皇上怎么这么糊涂呢？古往今来，有哪个道士没有死？因为他是皇上，大臣们不敢说他，老百姓只敢在背后骂他。大明帝国已经到了"嘉靖嘉靖，家家干净"的地步，他居然不知道！

虽然我是穷苦孩子出身，但为了天下的老百姓，我要站出来，指出皇上的错误！

我知道，这些话说出去，我就是死路一条。但我不怕死，现在我已经给自己买了一副棺材，将所有的仆人打发回家了。如果皇上能够采纳我的意见，我死也值得！但如果不能，我先借贵报一角，向老百姓告个别。有大家的记挂，海瑞我死也瞑目了！

海瑞

海大人：

您好！

我们早就听说了您的大名。您不但清正廉洁，还屡次惩治贪官，为民申冤，大伙儿都叫您"海青天"，把您和宋代的包拯放在同一位置上。

现在，您不顾个人生死，向皇上上书进谏的事情，已经传遍了天下。大家都对您佩服得五体投地。要知道，这可是个"老虎"屁股，从来就没有人敢摸。别人都说您傻，但我们认为您是英雄！

听说皇上虽然气得发疯，但也承认您说得对。可是您这么大张旗鼓地指责他，让他非常不爽，所以他打算把您关进大牢。

虽然我们不能帮助您摆脱牢狱之灾，但俗话说得好，得道多助，失道寡助。像您这样不顾个人生死、以国家利益为上的人，一定会有人帮助您摆脱困境的。

报社编辑

（海瑞入狱后，过了两个月，嘉靖驾崩，海瑞被放了出来，还升了官。）

新闻广场

《西游记》为您演绎精彩神话

如果有人问你，现在最流行的长篇小说是哪一部呢？不用说，当然是最新出版的《西游记》了。全国上下无论哪家书斋，都把《西游记》摆在最明显的位置，广大读者对它爱不释手。

这部小说的作者叫吴承恩，他从小就聪明过人，不过他爱看一些神仙鬼怪、狐妖猴精的书籍，对四书五经不感兴趣，因此参加科举考试，总是名落孙山。好不容易熬到四十多岁的时候，做了个小官，又因看不惯官场黑暗，罢官而去。

父亲去世后，吴承恩的生活十分拮据。考场的失意、生活的困顿，再加上那个光怪陆离的神话世界，让他产生了创作神魔小说《西游记》的想法。

《西游记》是以唐代玄奘和尚取经的故事为原型，参考《大唐西域记》《大唐慈恩寺三藏法师传》等资料创作而成的。书中描写了不畏强暴的孙悟空大闹天宫后，和猪八戒、沙和尚保护唐僧去西天取经，一路上降妖伏魔，经历九九八十一难的故事。

作者借神话人物的一言一行，抒发了人们对现实的不满，以及改变现实的强烈愿望。

徐文长训知府大人

明朝出现过不少多才多艺的大才子，然而，在诗文、戏剧、书画方面都能独树一帜的，非徐渭（wèi）莫属。

据说在一次科举考试中，徐渭故意将长长的文章写到桌子上、椅子上，因此获得了"徐文长"这个美名。

徐文长自称是个南腔北调人，住在东倒西歪屋。老百姓很喜欢他，关于他的故事也有很多。

有一次，知府的儿子在外头玩耍，抢了别的小孩的毽子，把那小孩弄哭了。徐文长路见不平，夺回毽子，将它物归原主。

知府的儿子从小被溺爱惯了，受不了这样的委屈，大吵大闹，家丁没办法，只好将徐文长押到了县衙。

知府见自己的宝贝儿子哭闹得厉害，很心疼，大骂徐文长："你个大男人居然欺负小孩，你可知罪？"

见知府这么不讲理，徐文长决定教训他一下，说："如果我今天对贵公子的行为不闻不问，罪就更大了。"

"公堂之上，不容你胡说八道！"知府惊堂木一拍，喝道。

徐文长淡淡一笑，说："贵公子踢的毽子是用铜钱做的，可这铜钱上，还印着嘉靖皇帝的头像呢！贵公子用脚去踢，这不是犯上吗？'子不教，父之过'，这罪大人担当得起吗？"

知府一听，立马心虚地说："小孩子闹着玩儿，咱切勿当真啊，还是退堂吧！"

猴子也能打仗

一天夜里，戚继光正在军营就着烛火看兵书，忽然听到帐外传来一阵喧哗声，一问才知，军中有一面大皮鼓被偷走了。

戚继光正打算给属下治罪，却听到不远处响起了隆隆的鼓声。借着月光循声望去，只见对面的山坡上，一只老猴王正起劲地擂着大鼓，猴子、猴孙们则学着士兵的姿势在演练排阵呢。

见此情景，戚继光计上心来。

第二天，他命将士们捉了许多山猴，关在笼子里，并将笼子安放在校场边上，让这些猴子观看将士们操练，同时每天好吃好喝地伺候着。接着，戚继光又让驯猴人教猴子发射火器。令人称奇的是，过了几个月，一支纪律严明的猴军出现了。

再遇倭寇来犯时，戚继光就把军队埋伏在山林中，把火器分发给那些猴兵。

趁倭寇在山谷中烧饭时，戚继光令人把军鼓"咚咚"擂响，猴兵们听到命令，纷纷蹿入敌营点火、放炮。

一时间，敌营中火光冲天，倭寇抱头鼠窜。戚继光趁机率军冲出，不到半个时辰，就将倭寇全部歼灭。

当倭寇得知自己败在猴子手上时，一个个瞠目结舌。

名人有约

特约嘉宾：**朱厚熜**

身份：明世宗

大：大嘴记者　**明**：明世宗

大：您好！《名人有约》欢迎您来做客！
明：嗯！我也挺喜欢来这儿的。

大：是吗？
明：没错！我收到你们的信了，信中说只要我积极配合采访，你们就会送我八颗不死仙丹。所以我就急忙赶来了。

大（这信谁写的？这么不负责任？）：……呃，您认为世界上真有长生不老药吗？
明：那是当然。否则，我不是白修了那么多炼丹的宫殿，白养了那么多道士吗！

大：您这么尊重道教，那文武百官是不是也要这样啊？
明：必须的！所有大臣凡是尊道的，都可以升官发财；不尊道的，要么削职为民，要么当场杖死。

大（嘀咕）：这也太离谱了吧？
明：你说什么？

大：没什么。最近听说蒙古鞑靼兵进京抢劫，不会是冲着那丹药来的吧？
明：不是不是。他们只是没饭吃，才来抢粮的，抢到手就走了。蒙古鞑靼那么小的部落，连饭都没得吃，还想长生不老？做梦！

名人有约

大：您就这么让他们抢了？
明：嗯，不管他，宫里的事情我都管不过来，还管这些。

大：那么多忠臣被严嵩害死了，您就不管一管吗？
明：我知道有些人死得冤，比如首辅大人夏言和曾铣（xiǎn），建议收复河套，我误信了严嵩那奸人的话，以为俺答汗那一次进攻北京，是他们惹来的祸，就把他们杀了。

太：他们死的时候，就留了一句话"一心报国"，没有留下一点儿私人财物！听说夏大人一直是身首异处啊！
明（心虚）：现在，我把严嵩家抄了，总算给他们解了一点儿恨吧。至于夏言，我打算给他打造一个纯金的头，并配置100副棺材，将金头放在其中一副棺材里面，埋葬在100个不同的地方。

大：皇上英明！
明：大点儿声！

大（有气无力）：皇上英明。
明：这才对嘛！回头我赏你十颗不死仙丹。

大：那太好啦！皇上，我们刚开始不是答应给您八颗不死丹么？现在折算起来，您只要给我两颗就可以了。
明：啊？！怎么会这样？

大：皇上，为了感谢您对我们采访的积极配合，我决定连那两颗仙丹也不要了！这期节目到此结束了，再见！
明（抓狂）：……我到底说错了什么？

广告铺

全面封杀《西游记》

　　日前盛行的《西游记》一书，不但讽刺我朝圣上修道，还宣称"皇帝轮流做，明年到我家"的思想，在社会上造成了不良的影响。

　　现决定，全面封杀《西游记》，禁止出版、销售、私下传阅该类图书，违者处斩。

大明礼部

大量收购灵芝

　　为振兴大明，支持皇上炼丹修仙，从今天起，本衙门将高价收购灵芝。家中藏有上等灵芝者，请带上灵芝，来各衙门交货收钱。

　　机不可失，时不再来，沉甸甸的银子正在等待你，还犹豫什么？请快快行动吧！

全国各衙门

招聘方术士

　　近年来，我大明国泰民安、稳如磐（pán）石，为了使王朝千秋万代地延续下去，嘉靖皇帝决定亲身试险，炼丹修仙，以图大明的永久辉煌。现特招御用方术士若干名，待遇从优。

　　要求：道行高深，会法术、会炼丹与修仙术等。符合条件的，请速来皇宫报名。

各地衙门

智者第3关

1. 于谦死后，最先为于谦平冤昭雪的皇帝是谁？
2. 锦衣卫、东厂和西厂都得听命于什么人？
3. 明宪宗时期，由中央设立的特务机构有哪些？
4. 西厂最初的领导者是谁？
5. 明孝宗执政期间，社会矛盾得到缓和，统治阶级内部逐渐稳定，外患也基本平定，这一时期被称作什么？
6. 明朝只有一个老婆的皇帝是谁？
7. "吴中四才子"指的是哪四人？
8. 明代真有周文宾这个人吗？
9. 祝允明以什么类型的书法见长？
10. 科举考试中，乡试第一名被称为什么？
11. 殿试前三甲中，一甲的前三名是什么？
12. 明武宗朱厚照有几个儿子？
13. 明武宗统治期间的"八虎"，是以谁为首的？
14. "吴中四才子"中，"四绝"全才指的是谁？
15. 祝允明为什么自称为"枝指生"呢？
16. 李梦阳大白天打灯笼是什么意思？
17. 宁王朱宸濠造反后，被谁打败并且俘虏？
18. 为了造反，朱宸濠准备了十年，结果被王守仁多久平定？
19. 明武宗为什么要颁布"禁猪令"？
20. 正德年间，文学流派"前七子"是以谁为代表的？

第 ⑩ 期

〖1572年—1620年〗

万历风暴

穿越必读

　　万历初年，在张居正的大力改革下，日益衰落的明朝又渐渐恢复了生机。万历帝朱翊钧亲政后，由于想立宠妃之子为太子，遭到大臣们反对，从此无心过问朝政，30年不上朝。虽然他在位时间长达48年，是明朝统治时间最长的皇帝，但他的消极怠工，给国家的衰落埋下了重患。

宰相打架事件
——来自紫禁城的加密快报

前不久（即1571年），宫里出了件令人震惊的事儿——相当于宰相、副相的内阁首辅和次辅居然打起来了。

他们为什么打架呢？这得从言官们说起。明代规定，每逢初一、十五，言官们都要到内阁去跟宰相们见个面，作个揖，联络一下感情。

而内阁只有三个人，朝廷里是首辅高拱和次辅张居正说了算，还有一个次辅叫殷士儋（dān）。

来自紫禁城的加密快报！

殷士儋和高拱都给皇帝当过讲师，但关系一直不太好。高拱为了让殷士儋走人，老叫底下那帮言官弹劾他。

有个叫韩楫（jí）的言官为了拍高拱马屁，向高拱保证说："我一出马，保准殷士儋打包走人！"

这话一传十，十传百，传到殷士儋的耳朵里，气得他直冒火。

于是殷士儋逮着韩楫给他作揖时，就冷笑着说："韩楫啊，听说你对我不满啊，对我不满没关系，但千万不要给别人当枪使啊！"

高拱听出了话外音，一拍桌子腾地就站出来了，大喊："太不像话了！成何体统！"

殷士儋也不示弱，立刻把高拱骂了一顿，还上前揪住了高拱的衣领。

周围的人都看傻了眼，没一个敢上前的。最后，还是张居正抱住了殷士儋，才让高拱没挨到拳头。殷士儋出了气之后，就痛痛快快辞职走人了。

天下风云

治国安邦好人才

万历初年,由于皇帝朱翊钧(即明神宗)年幼,张居正在李太后的支持下,晋升为内阁首辅。

说起来,我们的首辅大人从小就是个人才,很小的时候,就被人称为"江陵神童"。不过那时候,他不叫张居正,叫张白圭(guī)。他很小就识字,再大一点就通晓六经。

十二岁那年,张白圭去参加科举考试。路上,监考官想考考他,就指着不远处两棵大树说道:"大文庙,两棵树,顶天立地。"

张白圭想了想,马上脱口而出:"小学生,一支笔,治国安邦。"

监考官一听,心中暗自称妙:果然是人才!考试成绩出来后,张白圭果然中了秀才。

湖广巡抚听说张居正小小年纪就中了秀才,而且志向远大,就特地赶到荆州府来会他,并当众解下自己的犀角腰带赐给他,鼓励他立志高远,为国报效。荆州知府李士翱(áo)替他改名为张居正,意指他为人秉公居正。

张居正当了内阁首辅后,开始对奄奄一息的明王朝进行一系列改革。

而明朝在经历了两百多年的风风雨雨之后,机构越来越臃肿,办事效率也越来越低。针对这种情况,张居正推出了"考成法"(相当于考核),也就是对所有官员进行定期考察。

比如,一个知府,一年要计划做些什么事,达成什么目标,预计花多少时间,都要清清楚楚、实实在在地记在一个本子上。然后再抄录两本,一本交给六科,一本交给内阁。

到了年底一核对,如果发现事情没有做完,就会被贬为县令。如果做了县令,还是没完成,那就继续贬官,直到贬到平民百姓为止。

如此一来,昔日成天放空炮议论朝政的人叫苦连天,而政绩卓著的官员,不论出身和资历,都得以提升。明朝的官场面貌焕然一新。

1581年,张居正再接再厉,下令在全国推行"一条鞭法",即把原来的田赋、徭役和杂税合并起来,折成银两,分摊到田亩上,按田亩多少收税。这大大简化了征收手续,给百姓们带来了极大便利。

而在这之前,地主兼并土地的情况很严重,并用一切手段逃避相应的赋税,严重影响着国家收入,各地农民起义也时有发生。

为了推行"一条鞭法",张居正下令丈量土地,将一批被豪强和皇亲国戚隐瞒不报的土地查了出来。"一条鞭法"推行后,国家渐渐恢复了生机。

可惜的是,地主们的利益受到损害,纷纷出来阻挠。"一条鞭法"不得不停止,但改用银两收税的办法却保留了下来。

在政治、经济两手一把抓的时候,张居正也没有忘记军事。

为防御女真入侵,张居正派大将戚继光驻于蓟(jì)门,李成梁镇守辽东;又在长城上加修"敌台"3000多座,加强北方的防备;并在边疆实

天下风云

行"互市"政策,和蒙古人做起了生意;还封俺答汗为顺义王。因为生意做得好,蒙古人有吃有喝,俺答很久都没跟明朝作对。

而对于小皇帝,张居正既关怀备至,又竭尽所能地教导、辅佐。

一年元宵节的时候,小皇帝想搞一次元宵灯火,张居耐心地说:"挂一些灯在殿上,就可以了。没有必要再搞什么灯棚。天下民力有限,还是节省一点儿好。"

小皇帝也很懂事地说:"朕深知百姓穷苦,就按先生的意思办吧。"

在张居正的努力下,大明王朝开始呈现出一派欣欣向荣的景象。

为改革，不能为父守孝

编辑老师：

你们好！

由于我整日忙于国事，没有空闲回家省亲。前不久，我的父亲去世了。按照大明礼制，我必须辞官回家守孝三年，才可以回朝。

可是，改革才刚刚见到一些成效，要是这时候走掉，那些反对我的人，肯定会趁机推翻我的政策。再加上皇帝还小，离不开我，要求我留下来，我权衡再三，还是以国事为重，就留了下来。

谁知很多人说我不孝，为了官位连父亲都不要了，这严重影响了我的改革。但我确实做了不孝之事，如果皇上听信他们的话，改革成果一定会付诸东流，那就功亏一篑了！

张居正

张大人：

您好！很荣幸收到您的来信！作为一位伟大的政治家和改革家，您无疑已经很成功了！为了改革能够收到最大的成效，您废寝忘食，任劳任怨，当真是鞠躬尽瘁，死而后已。

虽然您没能为父亲守孝，但我们相信，您的父亲会为有您这样的儿子而骄傲，即使他在九泉之下，也会赞同您这种做法。

至于那些不能理解您的人，给您的改革使坏的人，他们目前也不敢拿您怎么样，现在皇帝十分信任您，这些人一定会遭到皇帝的惩戒的！

报社编辑 

（可惜的是，张居正死后，明神宗全面废除了张居正的政令。万历新政彻底失败。）

皇帝隐身不上朝

这些年来,为了皇位到底由谁继承一事,明神宗和大臣们闹得不可开交。

1582年八月,恭妃王氏生下了第一个皇子,取名朱常洛。由于中宫王皇后没有儿子,朱常洛就成了名正言顺的太子人选。

可四年之后,最得神宗宠爱的郑贵妃也生下一个皇子,取名朱常洵。明神宗就想立朱常洵做太子,不想立朱常洛了。

大臣们听到这个消息,都表示反对。因为自古以来,都是立嫡不立庶,立长不立幼。结果凡是反对的,都被神宗贬了官。

不过因为反对的人实在太多,神宗就换了个方法,下令将皇子一起封王,然后再选择其中一个德行高的立为太子。

大臣们一眼看穿了他的心思,坚决反对。这下明神宗火了:"居然管起朕来啦?好!朕来个拒不上朝,看你们咋办!"

为了表示抗议,1590年正月初一这天,神宗声称"腰痛脚软,行立不便",隐居在后宫里,从此再也不上朝了。如有政事需要处理,就通过太监传达谕旨,而不是直接召见大臣。

一直到1601年,在李太后的干预下,将近20岁的朱常洛才被立为太子。这场漫长的"争国本"事件,最后以大臣的胜利而告终。

百姓茶馆

盐贩子王老板

皇上（指明神宗万历帝）还真有趣，竟然像个大闺女似的，躲在深宫中不露面，难道这样就能逼大家同意换太子了？太天真了吧！

爱管闲事的侠士

这几年又开始打仗了，别看明神宗躲在深宫后院里不出来，其实他还是管事的，要不然，这"万历三大征"怎么会打赢呢？

种田的老李头

咱们皇上啊，估计是被大臣们折腾怕了，才21岁，就开始给自己修建陵墓了。他的定陵光建造就用了6年时间，花费白银800多万两，抵得上全国两年的农业税收了。

李知府

按照明朝的制度，皇帝是朝中唯一的决策者。一旦皇帝不愿处理朝政，又没有授权于太监或大臣，整个政府的运转就可能被迫停顿。大明前途堪忧啊！

一幅世界地图，让皇帝看傻了眼

这些年来，大批耶稣会传教士千里迢迢来到中国传教。

1601年，为了在中国顺利地传教，意大利传教士利玛窦历尽艰辛，来到了北京城，向明神宗展示了三棱镜、圣母像和世界地图等西方宝物。

明神宗对这些宝物兴趣十足，尤其是看到那幅世界地图时，立即就傻了眼。

这幅图的右上角题有"坤舆（yú）万国全图"6个字，主图是椭圆形的世界地图，各个角落有几小幅天文图和地理图。各大洋的位置上绘有9艘不同的帆船，以及鲸、鲨、海狮等海洋动物15头，南极大陆上绘有8头陆地动物，有犀牛、象、狮子、鸵鸟等。

新闻广场

世界这么大啊！

在颜色方面，南北美洲及南极洲是粉红色，亚洲是土黄色，欧洲和非洲接近白色。山脉用的是淡绿色线条勾勒，海洋用深绿色绘出水波纹，少数几个岛屿的边缘还涂上了朱红色。五大洲均用朱红色书写，其他地名包括国名都用黑色书写。

据说，这是利玛窦专为中国人绘制的，也是中国人看到的第一幅世界地图。在这幅地图上，中国被绘在一个不显眼的角落，看起来不是很大，因此不少官员有些不满。

不过，让利玛窦高兴的是，明神宗对这张地图爱不释手。据说他每晚都要先看看这张地图，才能上床睡觉，还令人摹（mó）绘了12份这样的地图，以防丢失。

而利玛窦也因此得到了皇上的欣赏，被允许留在北京，并且终身享有朝廷的俸禄。

行万里路，写万卷书

李时珍是我国伟大的医学家、药物学家。他出生在一个医学世家。由于民间医生地位很低，起初，父亲想让他用功读书，参加科举考试，好出人头地。李时珍却一心想学医，一连三次名落孙山后，父亲只好同意了。

李时珍知道，读万卷书，不如行万里路。为了寻求药方，收集药物标本，李时珍经常穿上草鞋，背起药筐，跋山涉水，四处寻访。每到一处，他都会虚心地向当地人请教。这些都为他编写《本草纲目》打下了良好的基础。

有一次，李时珍带着弟子在一座山下采药，听说山上的寺院有"仙果"，就想知道"仙果"究竟是什么，有什么功效，好不容易爬上山，却被寺院住持一口拒绝。

等到夜深人静时，李时珍就翻过围墙，爬上树去，偷了几枚"仙果"。带回去一研究，原来，这个品种可能是一种杏树和李子树的杂交变种，名叫榔梅，药效和梅子差不多。

经过这样的长期实践，公元1578年，李时珍终于完成了《本草纲目》的编写工作。

这部书约有200万字，共分52卷，书中记载的药物达1892种，此外还附图1000多幅，收录单方1万多则。《本草纲目》尽可能地纠正了以前的错误，补充了前人的不足，并且有许多重要的新发现，是一部具有世界性影响的著作。

怪老头教学生

在湖北麻城,有个著名的"钓鱼台"。"钓鱼台"附近有座山,山上有间茅屋,里面住着一个花甲年纪的怪老头。

怪老头很勤快,他除了在这里著书和讲学,还开垦荒地,种上各种庄稼。附近的村民不知道怪老头的来头,就知道他姓李,因此称他李老头。

别的老师讲学,都只收男孩子,可这李老头不一样,不论男孩女孩,他都收过来教;别的老师白天教书,李老头白天让孩子们在家做事,晚上才来听课。而且他不设教室,就让孩子们在钓鱼台上听,讲的也不是儒家经典,而是些生活常识。

得空时,李老头就会出谜语给孩子们猜:

"什么东西脚上有头发,清早起来满地爬?

什么东西有脚不能走?什么东西无脚闯天涯?"

李老头教的孩子当然聪明啦,不一会儿,他们就叽叽喳喳,陆续答了上来:

"扫帚脚上有头发,清早起来满地爬。

桌椅有脚走不得,扁担无脚闯天涯。"

听到了正确答案,李老头高兴地摸摸光头,又道:"我再出一道难点

儿的题目吧：

皇帝罢朝去偷牛，文武百官做小偷；

公公搭着媳妇手，儿子打破老子头。"

孩子们猜来猜去，也不知什么意思。眼看没人答上来，李老头就笑着解释说："'皇帝罢朝去偷牛'是君不君；'文武百官做小偷'是臣不臣；'公公搭着媳妇手'是父不父；'儿子打破老子头'是子不子。"

学生们这才若有所悟。李老头又说："你们就算知道答案，也不敢说出口，是吧？这可不是干大事的人，干大事就不能这么胆小。"

这些话传到当官的老爷那儿，把他们气得要命，直骂李老头是"邪教"。不过，正是受这"邪教"的影响，麻城这地方的人才敢闹起义、夺江山。

这个怪老头，就是著名的思想家、泰山学派的一代宗师——李贽（zhì）。

干大事，就不能胆小。

名人有约

身份：明神宗

大：大嘴记者　**明**：明神宗

大：哇！终于把您请来了，不容易呀！

明（无精打采）：你们把我的郑贵妃哄得团团转，她叫我来，我不得不来啊！

大：您先歇一歇，我给您扇扇风。（一边扇一边问）据说，您5岁才有自己的名字，这是怎么回事呢？

明：因为祖父怕我威胁到他的皇位，讨厌我，父母也就不敢给我取名字了。

大：听起来蛮心酸的。那作为一个10岁就当了皇帝的人，您感觉怎么样？

明：刚开始觉得挺新鲜的，听文武百官叫我"万岁爷"，我就特来劲。那时候，张居正先生一直在帮我管理政事。

大：张先生为了把您培养成一代明君，可是下了不少工夫啊！对了，他还亲自给您编了一本教科书，叫什么《帝鉴图说》，上面全是一个个小故事，还配了很精美的插图，说特别好看，现在还在吗？

明（默然）：还在。张先生是一个好老师，他对我的教诲，我没齿难忘。只可惜我不是一个好学生。

大：张先生是个大能人啊！俺答快打到北京城来的时候，要不是他在，大明就被严嵩给出卖了。后来张先生有没有采取什么防御俺答的措施？

明：有啊，他认为只有富国强兵，才能战胜敌人，所以自告奋勇去管兵部。

大：您放心他去管？

明：当然啦，他举荐的人，像戚继光、俞大猷（yóu）、谭纶（lún）这些将领，都是好样的。

大：就算您手下能人多，您也不能躲进深宫不管事啊！

明：我不是不管，我只是不见那些烦人的大臣而已，不想听他们啰唆。如果我真的啥事都不管，援朝战争能打胜吗？宁夏和播州的乱子能平定吗？

大：您说的是"万历三大征"吧？那几次确实扬我国威啊，连打三个胜仗！

明：不过也不全是我的功劳，宁夏那乱子，多亏了李登，要不是他设计离间叛军的两个首领，这事儿也没这么快搞定；朝鲜那一仗，就全靠提督李如松与朝鲜军的配合啦。

大：这些人我听说过，都是非常厉害的人。不过，这些人再厉害，但还是得听您的啊！

明（无奈）：听不听我的也无所谓，反正他们也不稀罕听我的。

大：您还在记恨立太子的事情吧？您这么一说，我想起来了，首辅大人在我们编辑部外面等着您呢！

明：啊？记者先生，有后门吧，我从后门走……（不等记者指路，转身就逃走了）

广告铺

宣传改革，人人有责

大伙儿都知道，我国的赋税以粮为主、白绢为辅，分夏秋两季征收。此外，农民还要服各种徭役。这样不仅手续繁杂，农民的负担也很重。

为简化征收手续，减轻大家的负担，现内阁将各州县的田赋、徭役等杂征加起来，统一征收银两，按亩折算缴纳。没有土地的工商业者，可以不向国家纳银。

望全国人民支持国家改革，共同迈向美好未来。

全国各衙门

恭贺福建翁正春喜获状元

1592年的科举考试成绩终于出炉了！福建的翁正春以第一名的好成绩喜获状元！

13年前，翁正春以乡试榜单上最后一名的成绩，中了举人。奇怪的是，此后考试一直都没有上榜。这次不但进士及第，而且还一跃升为了状元！这样的机会，人生能有几何，特此恭贺。

福建进士同乡会

为海瑞送行的通知

海瑞大人为百姓做了很多好事，却一生清贫。而今，他去世了，又没有儿子。南京的老百姓为此罢市默哀。

现在他的灵柩要运回家乡了，我们决定穿上孝服为他送行，以表达我们的哀思。请大家准时在河边等候，不要错过送海大人最后一程的机会。

海大人送别组委会

第11期

【1615年—1627年】

内忧外患，祸不单行

明朝末年，皇位更迭，宫廷谲（jué）变，先是有叫人摸不着头脑的三大疑案——梃（tǐng）击案、红丸案和移宫案，随后，又冒出个魏忠贤，遭其陷害的忠臣不计其数。萨尔浒之战的失败，更使得明朝风雨飘摇。

穿越必读

奇，疯子棒击太子
——来自京城的加密快报

1615年，宫里发生了一件蹊跷事儿。一个疯疯癫癫的中年男子手持木棒，闯入太子朱常洛的慈庆宫，并用木棒击伤了多名守门侍卫。幸好有人眼疾手快，将该男子抓获，这才没有惊动太子朱常洛。

经审问得知，这个疯子名叫张差，家住蓟州井儿峪，是太监庞保、刘成两人将他引到慈庆宫门前，对他说："你冲进去，看见一个打一个，尤其是穿黄袍的太子，打完了就给你30亩地。"

而庞保和刘成都是郑贵妃手下的太监，那么，幕后主使是一直跟太子敌对的郑贵妃吗？

据说郑贵妃惊慌不已，天天跑到神宗面前哭诉。神宗说："这事你自己去求太子吧。"

结果太子表示，不愿深究下去，并以疯癫罪将张差凌迟处死了。

有人说，太子真是大人大量，居然放过自己的对手；也有人说，郑贵妃没这么傻吧？如果她想刺杀太子，就算不找个武林高手，也没必要找个疯子吧？甚至连把刀子也不拿，就拿根大棒，实在是荒谬！所以，这可能是太子自己导演的一场"苦肉计"，为的就是打击郑贵妃的势力。

不管真相如何，张差死了，庞保和刘成也死了，梃击一案已经再也没办法查下去了。

萨尔浒之战，三路军统统阵亡

1616年，一个叫努尔哈赤的女真人，统一了几乎所有的女真部落，并在赫图阿拉建立了政权，年号天命（史称后金）。

后来，努尔哈赤带着他的精锐骑兵，神气十足地向明朝进发。四月，他率军以做生意的名义，入侵抚顺，抢走了几十万人口和牲口；七月，他出击战略要地清河（今辽宁本溪），清河的守军全军覆没。

敌人来势汹汹，万历立即令兵部左侍郎杨镐（gǎo）带着40多万军队（实际只有12万）讨伐后金，想给努尔哈赤一点儿颜色看看。

杨镐坐镇沈阳指挥，其他军队在1619年二月，分为四路向赫图阿拉进攻。

据说后金所谓的八旗军加起来只有6万多。我们有理由相信，这场战争一定会赢！就连后金的军队也非常害怕，只有他们的首领努尔哈赤镇定地说："管他几路来，我们只管一路去！"

四路军队，分别出兵抚顺、清河、开原、宽甸。最先到达的是明军主力西路军。西路军的指挥官杜松抢先攻占了萨尔浒，并将一半兵力就地扎下营来，另一半去攻打后金的边界。

这下给了努尔哈赤可趁之机。他将杜松的两支队伍拦腰截断，向萨尔浒的明军发起猛攻。眨眼之间，明军兵败如山倒，杜松中箭身亡。

北路军还未走到萨尔浒，听到前线战败的消息，吓得赶紧依山建营，转攻为守。不幸的是，他们同样被努尔哈赤击败。

天下风云

得知两路人马败亡的消息,杨镐吓得惊慌失色,急忙下令立即停止进军。

东路军指挥官刘綎人称"刘大刀",身经百战,是明朝最骁(xiāo)勇的一员猛将。因为已率军深入敌军阵地,刘綎对其他路战况毫不知情。

一日,军中来了个人,自称是杜松派来的使者,要刘綎一起去攻城。刘綎信以为真,果真带兵前去,结果中了努尔哈赤的埋伏,最后寡不敌众,东路军大败,刘綎被敌人一刀砍死。

南路军指挥官李如柏本来就走得慢,接到命令后,吓得赶紧撤退。回去后,他因为受不了大家鄙视的眼神,自尽而死。总指挥官杨镐也被处以死刑。

只是短短的5天时间,明军就阵亡5万多人,损失马匹和骆驼无数。这就是令人沮丧的萨尔浒之战。历经此战,东北地区渐渐成了努尔哈赤的天下,明朝开始面临崩溃的局势。

稀奇古怪红丸案

1620年，久被父亲冷落的太子朱常洛（史称明光宗）终于即位，举国欢腾，只有一个人感到害怕，她就是郑贵妃。

因为怕朱常洛报复，郑贵妃想了好多办法来讨好他。当她得知朱常洛特别宠爱一个姓李的选侍时，就跑去拉拢李选侍，还精心挑选了8名美女，送给朱常洛。从此，光宗朱常洛沉迷于"花丛"之中，身体一天不如一天，登基不到十天，就一病不起。

因为好几天排泄不正常，朱常洛服用了宦官崔文升开的泻药，之后一天要拉三四十次肚子，拉得头昏眼花。

这时，鸿胪（lú）寺丞李可灼说自己有治病的仙丹，是一种红色的小丸药。朱常洛吃了一颗，果然精神大好，笑着夸李可灼是忠臣，接着马上又吃下了第二颗。

不幸的是，第二天天不亮，朱常洛就突然驾崩了。

新皇帝才坐了29天的龙椅就吃药死了，实在蹊跷。有人说，崔文升是郑贵妃的心腹，幕后主使是郑贵妃；也有人说，李可灼的红丸才是真正的凶手。

最后，崔文升与李可灼都被处死了。但到底谁是真正的凶手，却再也没有人提了。

嗯，好吃！

李选侍移宫，太后梦破碎

朱常洛病危时，和李选侍一起住在乾清宫。而乾清宫属于内廷正宫，只有皇帝和妃嫔才可以居住。

临终前，朱常洛召大臣入宫，要大臣封李选侍为皇贵妃。但李选侍十分贪心，又唆使朱由校出来请求封她为皇后。朱常洛没有答应，大臣们也极其不满。

朱常洛死的当天，李选侍控制了乾清宫。为了逼大臣们同意自己垂帘听政的目的，她把太子朱由校（明熹宗）带在身边。大臣们跑去求见皇太子时，太监们堵住门口，不让他们相见。

直到一个叫杨涟的大臣厉声斥责道："我们都是顾命大臣，奉命而来，皇上驾崩了，你们这是要造反吗？"太监们这才让开。

可是李选侍把朱由校藏了起来，不让他出来。

大学士刘一燝问："太子上哪儿去了？"太监们都不答话。

在大臣们的力争和连哄带骗下，李选侍这才放太子出来。

没想到，太子刚走到宫门口，李选侍又反悔了，叫太监把朱由校拉回来。太监们上前拉住朱由校的衣服，朱由校自己也不知如何是好。

杨涟见状，立即上前将太监斥退。群臣簇拥着朱由校回到慈庆宫住下，准备登基。

经过这次争斗，群臣为了太子的安全着想，让太子还是住在太子宫，同时要求李选侍搬出乾清宫。

李选侍仗着朱由校是自己带大的，就让太监去叫朱由校回来，想拿他来压制大臣。但派出的太监被杨涟挡了下来，杨涟说："殿下在东宫时是皇太子，现在已经是皇帝，选侍有什么资格召见皇帝？你去告诉她，说我们秋后会找她算账。"太监只好转身走了。

第二天，群臣一起聚集在慈庆宫外，请求朱由校下诏，命令李选侍搬出乾清宫。

在这种情势下，李选侍只得搬到宫女养老的地方——哕（huì）鸾宫居住。这一搬，也就意味着她皇太后之梦彻底破碎了，她再也不能干涉政事，兴风作浪了。移宫一案也到此结束。

编辑评说

移宫案与梃击案、红丸案一起，被称为"晚明三大疑案"。这三起疑案本身算不上什么重大事件，但它却标志着明末纷乱和衰败的开始。

天字第一号木匠师傅

要说天下的木匠谁是第一号人物，朱由校一站出来，就没人敢跟他抢。据说，他从小就热衷做木工活儿，常常亲自设计图样，选木头、钉板子，技艺十分高超。

在他当权的时候，外有后金兵侵扰，内有农民起义，但他从不搭理，成天与斧子、锯子和刨子打交道。

虽然他当皇帝不太在行，但他有一手极好的木工活儿。只要是他看过的木器用具、亭台楼榭，他都能够照着样子做出模型来。

在做工上，他对自己的要求非常严格，每做成一件作品，他都会再三审视，不满意，就丢了重新做，好像永远不会厌倦似的。

经他一手打造的木器、梳妆匣等，全都精巧绝伦，让人爱不释手。

一般的木匠师傅所做的床都很笨重，十多个人才能搬动，不仅用料多，样式也老旧。朱由校做的床，不但雕刻着各种精美的花纹，而且床板可以拆卸折叠，移动起来十分方便，令守旧的工匠们惊叹不已。

所以有人说，假如这个"木匠皇帝"生在普通百姓家，说不定他还真能成为有名的木匠师傅呢。

不但要读书，更要关心国家大事

由于朱由校天天研究木工，又几乎是个文盲（主要是他父亲不受祖父待见，又十分短命，所以无暇顾及儿子的学业），朝廷大权渐渐落到了太监魏忠贤的手里。

我们知道，皇帝是"万岁"，魏忠贤却自称"九千岁"（全称是九千九百岁爷爷），只比"万岁爷"少点儿岁数。仗着大权在握，魏忠贤贪赃枉法，卖官鬻爵，勾结党羽，形成了一个势力极大的太监集团——阉党。光他认的儿子就有10多个，孙子有40多个。

与此同时，一些忧国忧民的官员与苏州的东林学院联合起来，形成了另一股势力——东林党。

东林学院的创始人叫顾宪成，原本在朝廷做官，后来因为看不惯朝中的丑事、恶事，总是站出来批评，结果被削职回家。

尽管如此,他还是经常关心国家大事。他在无锡重修东林书院,开始讲学,人称东林先生。他告诉学生们,不但要读书,而且要关心国家大事。在课堂上,他不仅常常批评朝廷里的官员,还指名点姓地骂魏忠贤,真是大快人心。

慢慢地,东林书院的影响越来越大,成了议论国事的中心。一些朝中的官员感觉找到了知音,纷纷加入了这个团体。他们聚在一起,不畏强权,为民请命,提出了许多如减轻赋税、整顿吏治等政治主张。他们不但敢骂大臣,甚至敢抨击皇帝。

比如东林党人李三才就曾指责万历帝说:"陛下爱珠宝,百姓也想温饱;陛下爱护子孙,百姓也爱恋妻儿;为何陛下要拼命地聚敛财宝,却不满足百姓的温饱呢?为何陛下要万寿无疆,却不让百姓享受朝夕之欢呢?"

东林党的正义之声,得到了人们的拥护,因此,在民间和朝廷都形成了一股不容忽视的力量。

魏忠贤又恨又怕,于是找了个借口,把东林学院拆了,还编了一本《东林点将录》,将一些有名的东林党人按《水浒传》的名头对号入座,想把他们一网打尽。

尽管杨涟等东林党人遭到了迫害,但值得庆幸的是,东林书院的正义之声却留了下来,那就是镌刻在书院门口的那副对联:

风声雨声,读书声,声声入耳;

家事国事,天下事,事事关心!

百姓茶馆

辽宁卖茶商人刘金旺：现在经济不景气，生意难做，最近，北面的后金打过来了，老百姓又是应征又是赔银子，个个变得穷困潦倒，咱商人这日子也没法过了，唉！

辞官的隐士：前两天，我听说明神宗吃了败仗，被后金打得好惨，死了好多大将，士兵就更不用说了，最少也有好几万送了命吧？这大明朝看来走到头了，得改朝换代了。

京城一居民：最近这几代皇帝呀，也不知怎的，一个吃药吃死了，一个只知道做木匠，结果让太监拣了便宜，尤其是魏忠贤，就知道干坏事，我们大明被他整得千疮百孔，连后金都打不过，唉！

厂卫甲：这个九千岁心狠手辣，要是你去他的大牢里坐一坐，管保你生不如死。有人骂他目不识丁，他就让那人穿上棉衣，然后用开水浇去，浇得那人是惨不忍睹啊！

"铁石心肠"左光斗

在与魏忠贤的阉党斗争中,杨涟与左光斗最有名气。两人都刚正不阿,对魏忠贤的所作所为深恶痛绝。

有一次,杨涟上了份奏章,揭发魏忠贤的24条罪状,左光斗等人大力支持,结果被打进了大牢。

在牢里,任凭阉党怎样逼供,左光斗始终都不屈服。左光斗的弟子史可法听说老师在狱中快被折磨死了,就跑去大牢看望老师。

只见左光斗坐在角落里,全身血淋淋的,脸已经严重烧伤,左腿腐烂得露出了骨头。

史可法心里一酸,抱住左光斗的腿放声大哭。

左光斗虚弱得睁不开眼,但听出是史可法来了,举起手用力拨开自己的眼皮,大骂道:"蠢材!这是什么地方?你来干什么!国家现在糟到了这步田地,我已经完了,万一你也被那些歹人发现,将来的事还能靠谁?"

史可法听了这话,更加不愿离开。

左光斗见状,狠狠地说:"再不走,我现在就把你收拾了,省得那些奸人动手。"说罢,他真的摸起身边的镣铐砸了过去。

史可法只好忍住悲痛,从牢中退了出来。

左光斗被魏忠贤杀害后,史可法每每想起老师,总会伤感地说:"老师的心肠,当真是铁石铸成的!"

名人有约

身份：明末宦官

大：大嘴记者　魏：魏忠贤

大：九千岁好！
魏：嗯，都好都好。

大：你的名字真不错，忠实、贤德，现在大家都是"只知有忠贤，而不知有皇上"啊！
魏（笑眯眯）：嗯，承蒙大家厚爱，不敢当……

大：你当初为何要入宫当太监呢？你都成家生子了。
魏：没办法，赌钱赌输了，没钱还债。本来进宫只是想饿不死，没想到后来运气好，通过太监王安认识太子朱由校了。好运来了，挡也挡不住啊！

大：可我听说，王安是你害死的呀！
魏（笑眯眯）：这个，记者同志，没有证据的话，不要乱说噢，我会告你诽谤的！

大：那除了王安，还有个女人，对你的影响也很大吧？
魏：那是我的对食（太监的老婆）客氏。她给朱由校当过奶妈，朱由校对她比较亲近，当然对我也就比较信任了。

大：所以他做了皇帝之后，你就升为司礼秉笔太监。这官是做什么的？
魏：就是替皇上签字的。文武百官送来的奏折，除了皇上亲自批准的以外，其余都需要我在上面签字，这就叫"批红"。

大：那么多奏章，你看得过来吗？
魏：难啊，我连字都不认识。没辙，只好拿回家，让亲戚朋友一起看，一起批。

大：哇！那你不成了皇上的代言人了吗？
魏：差不多吧！

大：这么一来，你不是想摆弄谁就摆弄谁吗？
魏：话可不能这么说，无缘无故，我摆弄他们做什么？

大：可有人说，你和客氏陷害了很多妃子，熹宗的张皇后也差点儿被你们谋杀。
魏（连连推脱）：没有的事儿。这是大家诬陷我！

大：宫里那么多人，大家为什么只诬陷你一个呢？
魏：可能树大招风吧！

大：好一个树大招风！像东林党人汪文言、杨涟，以及将领熊廷弼，他们被害，也是有人诬陷你？
魏：这个……我不惹他们，他们也要扳倒我呀！

大：你利用东厂制造特大冤假错案，还与锦衣卫混在一起，让整个朝廷都变成了你的天下。这也是大家诬陷你？
魏：大胆！你不过是个不入流的小记者，居然敢教训本九千岁，不想活了是吧？

大：你那些养子为你建那么多生祠，应该你千刀万剐，正好每个祠可以放上几块肉。
魏（彻底疯狂）：来人……来人……人呢？

（崇祯皇帝朱由检即位后，下令打击阉党，魏忠贤被迫自缢（yì），他的党羽很快就被肃清，殉难的东林党人终于恢复了名誉。）

广告铺

独家御制之物，扮靓您的生活

　　本行的所有产品全部出自天字一号木匠——熹宗皇帝朱由校之手。经皇帝陛下打造的家具，不仅美观耐用，还能为您的豪宅增加几分迷人的皇室气息。本行将新到一批皇帝大人的新作，有护灯小屏十座，上面雕刻着《寒雀争梅图》。独家御制之物，绝对真品，售价100万两白银（只给熹宗一万两）。

　　若想得到这种独一无二的皇家产品，请提前两个月跟我们预订。不遵守此规定者，恕不接待。

京城第一木匠行

讲学通知

　　值此秋高气爽之际，本月讲学如期举行。本次讲学时间为三天，讲习"四书"一章。讲习之后，大家有问则问，反对空发议论，脱离实际。

　　本次讲学，不分尊卑，不限地区，不论长幼，不收学费，只要愿意，都可以前来参加，食宿有困难者，可由书院解决。

东林书院顾宪成

阉党完蛋，举国狂欢

　　1627年12月，人见人恨的大太监魏忠贤畏罪自杀，从此，我国少了一个祸国殃民的奸臣。让我们敲锣打鼓，共同庆祝这美好的一天吧！

各地衙门

第 ⑫ 期

〖 1627 年—1644 年 〗

大明末路

当大明朝岌岌可危，百姓生死攸关之时，李自成领导了轰轰烈烈的农民起义，建立了大顺政权。但这个政权两面受敌，一面是明末余部，一面是虎视眈眈的清军。最后，为了一个美女陈圆圆，吴三桂"冲冠一怒"，将山海关外正对大明虎视眈眈的清军放了进来，大明王朝就此灭亡。

穿越必读

烽火快报

陕西出了个李自成
——来自陕西的加密快报

来自陕西的加密快报！

崇祯皇帝朱由检即位后,整个陕西、甘肃一带,天灾连连。老百姓身上无衣,口中无食,就连树叶和树皮都吃光了,最后只好吃泥土。

可地方官员不但不开仓赈灾(确实没钱),反而照旧让百姓交税交租,老百姓没辙了,就起来造反,李自成就是其中的一个造反头目。

据说,李自成原来是一个驿站的驿卒。那他为什么放着皇粮不吃,却去冒这种杀头的风险呢?

原因很简单,朝廷把驿站给削减了,导致他失业,吃不了皇粮了。失业了,他便去延安拜师学艺,却又因为打抱不平,打死了当地一个地痞,被官兵抓获,送进了大牢。看守大牢的狱卒见他为人豪气,便打开他的镣铐,俩人一起逃走了。

几经辗转,他们跑去山西,加入了闯王高迎祥的起义队伍。高迎祥对有勇有谋的李自成十分欣赏,封他为闯将。

后来,在明军大肆围剿中,高迎祥被杀。李自成接过高迎祥的大旗,成了新一代闯王。

打那以后,"李闯王"的名声就传遍了天下。

一代名将，比窦娥更冤

编辑老师：

你们好！

自万历四十六年以来，明军和后金兵打了好几次败仗，边关岌岌可危。我就是在这种情况下投笔从戎的。

这次皇太极率10万后金军绕过蒙古，直逼北京。尽管我身在山海关，但听到消息后，还是快马加鞭带兵赶了过去。

没想到，战乱中满桂将军突然身中一箭，箭上居然刻着我的标记。满桂以为我串通敌人陷害他，告了我一状，说我是汉奸。而且，又有一位太监向皇帝告状，说我和皇太极定有密约，要助金伐明。

麻烦你们帮我查一查，这到底是怎么回事？不然，我比窦娥还冤啊！

袁崇焕

袁督师：

您好！我们都知道您是一个抗金大英雄。通过宁远之战，您不仅打败了努尔哈赤，更是打破了金兵"攻无不克，战无不胜"的神话！如果说您是汉奸，打死我也不信！

满桂与您一向不和，很有可能拿流矢告御状。而那个太监曾经被皇太极俘虏又逃回，他很可能中了皇太极的反间计。

现在很多大臣都认为您是冤枉的，只可惜皇上却认为您是个"汉奸"。"君叫臣死，臣不得不死。"但愿后人能明辨是非，记住您这位英雄吧！

报社编辑

（1630年，袁崇焕被崇祯下令凌迟处死。此后，清军先后五次攻入长城，对大明大肆劫掠。）

李闯王闯进了北京城

李自成当了闯王后,打着"均田免粮"的口号,处处收买人心,队伍很快发展到100多万人。而明王朝却是两线作战,又要镇压起义军,又要和清军(后金于1636年改国号为清)作战,搞得疲惫不堪。

1644年,李自成在西安称帝,建立了大顺政权。没多久,就打到了北京城下。

崇祯得知这个消息,半天没说一句话。良久过后,他写了道诏书,命太监将儿子们送往城外避难,然后将周皇后拉到身边,流着泪说:"国家遭此劫难,作为国母,你当殉国才是。"

周皇后哽咽着说:"臣妾跟随陛下将近20年,每次直言相劝,陛下都不搭理。如今,陛下命臣妾死,臣妾听了便是!"说完,周皇后上吊而死。

紧接着,其他妃嫔也哭着上了吊。而年仅15岁的长平公主被崇祯砍断左臂,昏倒在血泊里。

到了晚上,崇祯换上便服,想混出城去,守城人却不放行,说要等天亮验明正身才可以。而第二天天刚亮,太监王相尧就投降了,打开城门,把起义军放了进来。北京城彻底沦陷。

崇祯听到消息,亲自跑去前殿鸣钟,召集百官,可一个人也没来。无奈之下,他只好和太监王承恩登上了煤山(景山)寿皇亭,脱下皇袍,用头发盖了脸面,和王承恩相对上吊自杀了。

就这样,明王朝宣告结束。

百姓茶馆

农民三发子

现在这日子没法过呀，随便干个什么事儿，都得交税。我听说李自成领导的农民军，现在已经发展到100万人了，这明朝看来是挺不住了。我还是赶紧收拾收拾，去投奔李自成吧，只有投奔了他，才有盼头呀！

米记老板娘

朱由检自己都不想死，却要老婆和女儿先死，唉，有这样的丈夫和爹，活着确实没啥意思！

李举人

李自成这个人啊，骑马打仗还行，教导部下可就不咋地，你们瞧，要不是几个部下调戏了陈圆圆，吴三桂怎么会大发脾气呢！士可杀，妻不可辱！换作是我，也得跟他拼命！

天下风云

吴三桂"冲冠一怒"

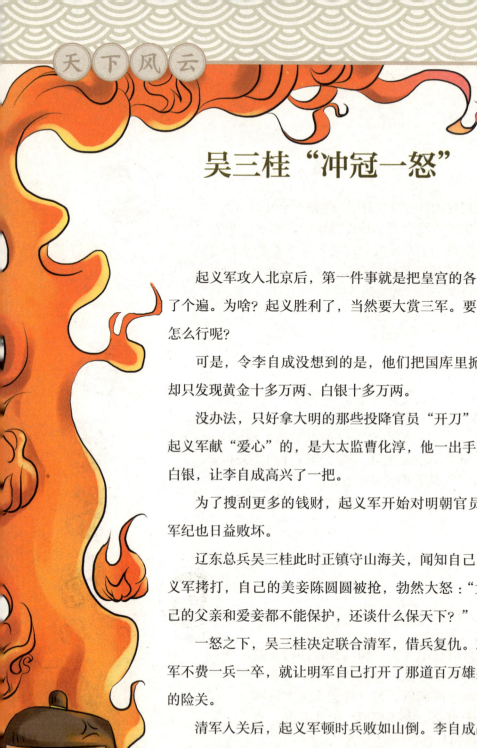

起义军攻入北京后,第一件事就是把皇宫的各个角落都搜了个遍。为啥?起义胜利了,当然要大赏三军。要赏赐,没钱怎么行呢?

可是,令李自成没想到的是,他们把国库里掀了个底掉,却只发现黄金十多万两、白银十多万两。

没办法,只好拿大明的那些投降官员"开刀"了。最早给起义军献"爱心"的,是大太监曹化淳,他一出手就是五万两白银,让李自成高兴了一把。

为了搜刮更多的钱财,起义军开始对明朝官员严刑伺候,军纪也日益败坏。

辽东总兵吴三桂此时正镇守山海关,闻知自己的父亲被起义军拷打,自己的美妾陈圆圆被抢,勃然大怒:"大丈夫连自己的父亲和爱妾都不能保护,还谈什么保天下?"

一怒之下,吴三桂决定联合清军,借兵复仇。就这样,清军不费一兵一卒,就让明军自己打开了那道百万雄兵难以攻克的险关。

清军入关后,起义军顿时兵败如山倒。李自成战败,弃京而逃,走前为了解气,将吴三桂的家人杀了个精光。

从此,清军占领北京,中国成了清朝的天下。

新闻广场

来自西方的海盗

最近这100年以来，中国来了不少欧洲的商人、探险家和传教士。

据说，他们都是被意大利旅行家马可·波罗写的一本书吸引来的，这本书叫《东方见闻录》，书里把中国描绘成了一个遍地都是黄金的地方。西方国家纷纷开辟海路，到东方来寻找黄金。

最先来到中国的是佛郎机（即葡萄牙）人。这些人一到中国，就在广东屯门建筑堡垒，大造火铳（chòng），不是杀人放火，就是掠卖人口。明军几次驱逐，他们就是不走。

1553年，葡萄牙殖民者以商船遭到风暴为借口，请求在澳门晾晒物品，同时贿赂明朝官员，开始涌入澳门。没多久，他们就在这里修筑房屋、教堂和城墙，来的人也越来越多，最后竟达到一万多人。

最后，明朝不得不以五百两银子的地租、两万两白银的税收条件，将澳门租给了他们从事贸易。

1601年，荷兰殖民者也闯入了广东沿海。1624年，明朝大败荷兰殖民者，收回了澎湖。可这群殖民者并没有马上离去，而是留在了台湾南部。

1642年，荷兰人赶走了台湾北部的西班牙人，独霸台湾岛。由于台湾山高皇帝远，大明王朝也就对其睁一只眼闭一只眼了（直到郑成功出马，台湾才得以收复）。

一代奇人徐霞客

1641年3月8日,一代奇人徐霞客离我们而去。

徐霞客是我国伟大的地理学家、旅行家和探险家。他出生在江苏江阴一个富有的书香门第,从小就很喜欢历史、地理、探险方面的书籍。这些书让他特别向往祖国的壮丽山河。

22岁的时候,徐霞客在母亲的支持下,开始外出旅游。他前后游历了34年,西到云南的腾冲,南到广西南宁,北至盘山,足迹遍及大半个中国。

在漫长而艰险的旅途中,为了考察到更准确的资料,徐霞客大都是步行前进。几次遇到危险,他都毫不退缩。

有一次,他来到温州的雁荡山,想起古书上说,雁荡山顶有一个大湖,就决定爬到山顶看看。结果爬到山顶一看,根本就没有湖。继续走的话,前面是一个悬崖,连路都没有了。

徐霞客仔细观察了一下,发现悬崖下面有一个小小的平台,就用一条布带子系住悬崖顶上的一块岩石,然后沿着布带子滑了下去。可滑到小平台后,发现还是无路可走,只好又抓住布带往上爬。爬着爬着,带子竟然断了,幸好他身手敏捷,及时抓住了一块凸出的岩石,这才没有掉下去。

而游完一天下来,无论身体多疲惫,条件多恶劣,他都坚持写日记,从不中断。

徐霞客去世后,他的日记被整理成《徐霞客游记》。这些旅游日记把科学和文学融合在一起,是极其宝贵的地理资料,具有重大的科学意义。

朱由检测字

相传，李自成起兵后，金銮殿中的崇祯帝朱由检坐立不安，于是决定去民间走访走访。

他换上便装，来到大街上，见有个算卦的摊子，就走了过去。

"请问客官，您要测什么字呀？"算卦先生问。

朱由检心想，自己名字里有个"由"字，不如就测这个字吧。但又怕露了馅，改口道："我要测的是'朋友'的'友'字。"

"'友'字？这个字有点儿不吉利啊！您仔细看看，它是'反贼'的'反'字出头啊！"

朱由检大吃一惊，马上改口说："那我还是测'有无'的'有'吧！"

"这个'有'字？那更加不吉利，这是'大'字少一撇，'明'字少一日，等于是大明江山少了一半啊！"

朱由检暗暗叫苦，连忙又说："那我测这个'酉'字。"

谁知算卦先生依然面露难色，无奈地说："恕我直言，'酉'乃'酋'字没了头，老爷怕是有性命之忧啊！"

朱由检听罢，吓得面如土灰，只好叫伴行的太监把自己架回了宫。

后来民间传言，其实，那个算卦先生是李自成的军师宋献策扮成的，故意来扰乱朱由检的心智的。

名人有约

特约嘉宾：李自成

身份：闯王、农民起义军领袖

大：大嘴记者　**李**：李自成

大：您好！欢迎做客《名人有约》。
李：记者好。你想采访我什么？

大：您别急，咱坐下来慢慢聊吧！
李：还是快一点儿比较好，我还要赶到湖北九宫山考察地形呢（实际是逃亡）！

大：好的。那我们就不绕弯子了。那个，听说您小时候就喜欢枪马棍棒，是吗？
李：是的。（一拍大腿）你太了解我了！我这人嘴巴有点笨，干脆这样吧，你就像刚才那样，问我是不是就好了。

大（眼珠一转）：嗯，您吃饭了没有？
李：是的。哦，不！吃过了。

大（果然上当了，哈哈）：您当初是怎么加入起义军的呢？
李：大男人血气方刚，看见那些地痞流氓欺负弱小，我就气不打一处来。有一次就惹出事来，把一个地痞给打死了。对方告到了衙门，把我抓进了大牢。幸好看守大牢的一个朋友看得起我，就把我给放了。我心知闯了大祸，就赶紧从了军。

名人有约

大：时势造英雄啊！
李：英雄不敢当！但咱也不是孬（nāo）种。

大：您觉得张献忠这个合作伙伴怎么样？
李：他原本和我一样是闯将，还和我同年生，人挺好，但不知道为什么，我们就是合不来。后来因为一件芝麻大的小事，他率部队朝长江流域开了过去，我则率军朝黄河流域进发了。

大：就这样，你们俩分道扬镳（biāo）了？
李：虽然不在一起，但目的都是推翻明朝残暴统治。

大：作为大明王朝的颠覆者，您认为自己的目的是否已达到了呢？
李：还没有。现在明朝是灭亡了，但吴三桂又招来了多尔衮的清军，这些人可不好惹。前段时间和他们联军交手，我不就吃了败战吗？

大：失败并不可怕，坚持就是胜利啊！
李：有道理。

大：那么，您有几成把握取得最后的胜利呢？
李：老实说，我没什么把握，有的只是一颗火热的心，和一股宁死不屈的勇气。

大（跷起大拇指）：佩服！佩服！我祝您早日将清军打得落花流水！
李：多谢支持！待我搞定清军以后，一定请你来喝庆功酒。但是，如果我失败了，这顿酒就算是我欠你的，下辈子再请你喝。

大（背过身，长袖捂脸）：呜呜呜，我好感动……咱们这期的访谈就到此结束吧，我得找块手帕擦擦眼泪去。再见！

广告铺

均田免粮，跟我打江山

欢迎大家踊跃加入我们光荣而神圣的农民起义军！

在这里，你不会饿死，也不会被打死；在这里，有田，我们平均分；有饭，我们一起吃；不用交粮，不用纳税。

希望大家能够快快觉醒，共同推翻腐朽的统治势力，打出属于我们自己的一片江山！

闯王李自成

《天工开物》——农民和手工业人士的福音

《天工开物》是我国著名科学家宋应星的倾力著作，它详细描述了关于农业和手工业生产的各种资料，非常全面和实用，简直就是一部完美的工艺百科全书。

广大农民朋友和手工业人士们，如果你想进一步扩大生产，提高收入，请快快把这本书买回家吧！

百花书店

《农政全书》——带您走进幸福生活

好消息，好消息！最近，为了帮助大伙儿多收粮食，多赚银子，过上幸福生活，现特地向大家推荐一本叫《农政全书》的书。

该书囊括了农业生产和百姓生活的各方各面，生产技术和知识分析得十分到位。它的作者是农学家徐光启，绝对权威！

喜洋洋书斋

智者第 4 关

1. 中国历史上的"十大奸臣"是哪十个人?
2. 李时珍的医学著作是什么?
3. 嘉靖帝闭关炼丹时,由哪个大奸臣掌握了朝政大权?
4. 世人称戚继光带领的军队为什么?
5. 中国历史上的四大名著指的是什么?
6. 《西游记》是谁的代表作?
7. 提出"均田免赋"口号,招收农民起义军的是谁?
8. 明朝历史上在位时间最长,却长达30年不上朝的皇帝是谁?
9. 神宗朱翊钧即位时只有10岁,此时,朝中的政事主要由谁掌管?
10. 明朝在位时间最短的皇帝是谁?
11. 西方传教士利玛窦来自哪个国家?
12. 利玛窦给明神宗进贡了一张什么地图?
13. "万历三大征"指的是什么?
14. 萨尔浒之战的作战双方是谁?
15. 明朝的"木匠皇帝"指的是谁?
16. "晚明三大疑案"包括哪三个案子?
17. 明朝一共有多少个皇帝,多少座陵墓?
18. 李自成曾在西安称帝,建立了什么政权?
19. 明朝的最后一个皇帝是谁?
20. 引清军入关的明朝将领是谁?
21. 最早入侵中国的西方国家是哪个?

智者为王答案

第1关答案

1. 朱元璋。
2. 皇觉寺。
3. 朱元璋的马皇后。
4. 南京。
5. 朱升提出的"高筑墙、广积粮、缓称王"。
6. 《三国演义》。
7. 高启与杨基、张羽、徐贲一起,被称为"吴中四杰"。
8. 宋濂、刘基和高启。
9. 朱允炆是朱元璋的孙子。
10. 方孝孺。
11. 齐泰、黄子澄。
12. 东昌战役。
13. 燕王。
14. 第四个。
15. 山间竹笋,嘴尖皮厚腹中空。
16. 姚广孝。
17. 七次。
18. 解缙和姚广孝等人。
19. 明成祖朱棣。
20. 清除皇帝身边的坏人。
21. 永乐盛世。
22. 闲杂人不得擅闯皇家重地。

第2关答案

1. 仁宣之治。
2. 明宣宗朱瞻基。
3. 明仁宗朱高炽。
4. 越南。
5. 朱高煦和朱高燧。
6. 主要材料是红铜,中间也掺有金、银等几十种贵重金属。
7. 杨士奇、杨荣、杨溥。
8. 西湖三杰。
9. 于谦。
10. 英宗的弟弟朱祁钰。
11. 《剪灯新话》。
12. 要留清白在人间。
13. 辅佐太子。
14. 沈周。
15. 是的。
16. 南宫。
17. 明英宗朱祁镇。
18. 朱棣。
19. 于谦。
20. 锦衣卫和东厂。
21. 因为皇帝怕外戚干涉政事。
22. 明代最高学府国子监的学生。
23. "戾"字是"罪过"的意思。明英宗利用这个恶谥,来斥责景泰帝的恶行。

智者为王答案

第3关答案

1. 明宪宗朱见深。
2. 皇帝。
3. 锦衣卫、东厂和西厂。
4. 太监汪直。
5. 弘治中兴。
6. 明孝宗朱祐樘。
7. 唐伯虎、祝允明、文征明、徐祯卿。
8. 没有。
9. 狂草。
10. 解元。
11. 状元、榜眼、探花。
12. 没有儿子。
13. 宦官刘瑾。
14. 文征明。
15. 因为他的右手有六个手指。
16. 嘲笑官场的黑暗。
17. 王守仁。
18. 35天。
19. 因为他生肖属猪，又姓朱，所以不许百姓养猪。
20. 以李梦阳、何景明为代表。

第4关答案

1. 庆父、赵高、梁冀、董卓、来俊臣、李林甫、秦桧、严嵩、魏忠贤、和珅。
2. 《本草纲目》。
3. 严嵩。
4. 戚家军。
5. 《水浒传》《西游记》《三国演义》《红楼梦》。
6. 吴承恩。
7. 闯王李自成。
8. 明神宗朱翊钧。
9. 内阁首辅张居正。
10. 明光宗朱常洛，在位时间仅为一个月。
11. 意大利。
12. 一张世界地图，名为《坤舆万国全图》。
13. 宁夏之役、朝鲜之役和播州之役。
14. 明朝与后金。
15. 明熹宗朱由校。
16. 梃击案、红丸案和移宫案。
17. 17个皇帝，北京13座陵墓（十三陵），南京1座（明孝陵）。
18. 大顺政权。
19. 崇祯皇帝朱由检。
20. 吴三桂。
21. 葡萄牙。